大学生就业创业成功之道

李炳全——著

THE
PATH TO THE SUCCESS OF
COLLEGE STUDENTS´
EMPLOYMENT AND
ENTREPRENEURSHIP

企业管理出版社
EMPH ENTERPRISE MANAGEMENT PUBLISHING HOUSE

图书在版编目（CIP）数据

大学生就业创业成功之道 / 李炳全著. —北京：企业管理出版社，2021.4

ISBN 978-7-5164-2347-9

Ⅰ. ①大… Ⅱ. ①李… Ⅲ. ①大学生—职业选择 Ⅳ. ①G647.38

中国版本图书馆CIP数据核字（2021）第047375号

书　　名：大学生就业创业成功之道

作　　者：李炳全

责任编辑：张　羿

书　　号：ISBN 978-7-5164-2347-9

出版发行：企业管理出版社

地　　址：北京市海淀区紫竹院南路17号　　邮编：100048

网　　址：http://www.emph.cn

电　　话：总编室（010）68701719　发行部（010）68701816　编辑部（010）68701891

电子信箱：80147@sina.com

印　　刷：广东虎彩云印刷有限公司

经　　销：新华书店

规　　格：170毫米×240毫米　16开本　17印张　230千字

版　　次：2021年4月第1版　2021年4月第1次印刷

定　　价：78.00元

目　录

第四章 成功素养

第五章　大学生成功行为研究

第一章
“道”的心理学意义

成功是每一个人的追求。对于即将迈入社会的大学生而言，要想在今后的就业创业道路上获得成功，就必须遵循一定的“道”或规律。那么，究竟什么是“道”，大学生的成功之道是什么，他们又该如何走上成功之道呢?

第一节 “道”之释义

“道”是中国传统文化特有的概念。中国传统文化三大派系儒、道、释，都把“道”作为探究的对象，积极探寻自然之道、人生之道，尤其是道家，更是以“道”作为其名称，把“道”作为其文化思想的核心。中国化的佛教——禅宗受道家思想的影响，也把“道”作为修行的重要目标。千百年来，“道”已成为中华民族认识自然为己所用的一个专有名词。

一、“道”的一般含义

（一）《现代汉语词典》中对“道”的含义解读

“道”在《现代汉语词典》[①]中主要有如下含义：（1）道路。（2）水流通行的途径。（3）方向；方法；道理。（4）道德。（5）技艺；技术。（6）学术或宗教的思想体系。（7）线条；细长的痕迹。（8）说。（9）用语言表示。（10）以为；认为。

---

①中国社会科学院语言研究所词典编辑室．现代汉语词典［M］.6版．北京：商务印书馆，2005.

在这些含义中，与本书所讲的成功之道有关的主要有（1）和（3）。

1. 道路

从这一角度来讲，成功之道的“道”是指人取得成功所要走的道路或路径。在这个道路或路径中，在不同的地方会有许多分叉（岔路口）或转折点供个体选择，选择正确，就容易成功即到达目的地；反之，选择错误，就难以实现自己的目标。不管选择对与错，都是个体自己的决定，即选择权在自己的手里。

2. 方向

从这一角度来讲，“道”指的是人生的方向，或者是人所确定的成功的方向。为人处世，确立方向很重要，就如成语“南辕北辙”所讲，如果方向错误，人越努力，离目标就越远，只有有了正确的方向，才能把事情做成功。对任何人来说都是如此。一个人要想成功，就要使自己的人生有方向或明确的人生目标。有了目标或方向，生命才会有意义。否则，就会感到茫然、失落，不知道活着是为了什么，要做什么。所以，对人生来说，方向选择非常重要。

古代有一个叫爱地巴的人，每次他和人起争执而生气的时候，就以最快的速度跑回家去，绕着自己的房子和土地跑三圈，然后坐在田边喘气。爱地巴非常勤劳，他的房子越来越大，土地也越来越广，但不管房、地有多大，只要与人争论生气，他还是会绕着房子和土地跑三圈。所有认识他的人都感到很疑惑，但是不管怎么问他，爱地巴都不愿意解释。后来爱地巴老了，房、地又太大了，当他生气时，仍然拄着拐杖艰难地绕圈，等他好不容易走满三圈，太阳都快下山了。有一天，他的孙子问他：“阿公，您年纪大了，这附近没有人的土地比您更大，您不能再像从前一样，一生气就绕着土地跑啊！您可不可以告诉我这个秘密，到底是为什么呢？”爱地巴禁不起孙子的恳求，终于说出了隐藏在他心中多年的秘密："年轻时，我一和人争吵生气，就绕着房、地跑三圈，边跑边想，我的房子这么小、土地这么小，我哪有时间和资格去跟人家生气？一想到这里，气就消了，于是把所有的时间都用来努力工作。""阿公，您现在年纪大了，又成了最富有的人，为什么还要绕着房、地跑呢？"爱地巴笑着说："我现在还是会生气，生气时绕着房、地走三圈，边走边想，我的房子这么大、土地这么多，我又何必跟人计较？一想到这里，气就消了。"孙子听了，也笑着说："原来是这样啊！"

爱地巴的故事告诉我们，无论做什么事情，遇到什么情况，都要把握自己的方向，明确自己做事情的目的，不忘初心，知道自己该做什么、不该做什么，而不能因外部因素的影响偏离了自己的方向、目标，把自己的时间、精力、资源等白白浪费在阻碍成功的事情上。

3. 方法

从这一角度来讲，"道"是指做人做事的方法。做任何事情，要想成功，必须选择正确的方法。如果方法不正确，就难免会遭遇挫折或失败，不仅一事无成，还会给自己带来重大损失。比如，就学习而言，学习方法正确，会事半功倍，富有成效；反之，再怎么努力也是白费。

4. 道理

从这一角度来讲，"道"是指做事情要有理有据，合情合理合法，即通过符合道德、法律、社会规则的方法、方式或途径来做事情。为人处世要讲求合理性，合理的事情才做，不合理的事情不做。一个人在追逐成功时所采取的手段、方法或途径，要符合社会规范、法律法规、社会价值观等，即成功是在社会许可范围内的成功，个体的成功是对社会有益的，能够促进社会的发展。其实质是实现个体的自我价值和社会价值。正如孔子所言：“君子爱财，取之有道；贞妇爱色，纳之以礼。”[①]“富与贵，是人之所欲也，不以其道得之，不处也；贫与贱，是人之所恶也，不以其道得之，不去也。君子去仁，恶乎成名？君子无终食之间违仁，造次必于是，颠沛必于是。”[②]意思是说，“只要不坑害他人，用合乎道德、合乎法律的方法去取得钱财，爱财没什么不可以；贞妇即使非常爱美，也要遵循当时的社会礼仪，不能随便打扮。”“有钱有地位，这是人人都向往的，但如果不是用正当的方式得到它们，君子是不会接受的；贫穷低贱，这是人人都厌恶的，但如果不是用正当的方式摆脱它们，君子是不会逃避的。君子离开仁义，难道还能以恶立名？君子不曾有一顿饭的时间离开仁德，即使在紧迫的情况下也一定要遵守仁的准则，在颠沛流离的时候也和仁同在。”荀子也说过：“荣辱之大分，安危利害之常体。先义而后利者荣，先利而后义者辱；荣者常通，辱者常穷；通者常制人，穷者常制于人。”[③]其义为，“荣与辱的最大区别，要看一个人对待安危利害的态度，把义放在首位然后取利的为荣，把利放在首位而后才求义的为辱；以义立身的会处处通达，以利立身的则窘困交加；通达者就可以驾驭别人，窘困者则往往受制于人。”

（二）《古汉语词典》中对“道”的含义解读

在《古代汉语词典》[④]中，“道”有如下含义：（1）路，道路。（2）途径，方法。（3）规律，道理。（4）学说，主张。（5）道义，正道。（6）道

①语出《增广贤文》。

②语出《论语·里仁》。

③语出《荀子·荣辱篇第四》。

④《古代汉语词典》编写组．古代汉语词典［M］．北京：商务印书馆，1998.

家所说的万物之源。（7）说，谈论。（8）取道，行。（9）从，由。（10）祭祀路神。（11）古代行政区划名。（12）指道家或道教。（13）引导。（14）疏通。

在这些含义中，与本书所讲的“成功之道”有关的主要有（1）（2）（3）（5）（6）（13）（14）。其中（1）和（2）与前文相同，在此不再赘述。

1. 规律

规律是指自然界和社会诸现象之间必然、本质、稳定和反复出现的关系，事物之间的内在的必然联系，决定着事物发展的必然趋向，是事物产生、发展、变化所遵循的一般法则。这种关系、联系或法则不断地反复出现，在一定条件下经常起作用，决定着事物必然向着某种趋向发展。规律是客观的，不以人的意志为转移，不管人们是否认识到，它都是客观存在的。虽然规律是客观的，但它可以为人们所认识和利用，这是因为人具有主观能动性，具有思维这样的心理活动。换言之，人在客观规律面前并不是完全消极被动的，人们在实践中可以通过大量的外部现象，认识或发现客观规律，并用这种认识指导实践，即应用客观规律来改造自然、改造社会，为社会谋福利。人们若是能够认识并遵循规律行事，就比较容易获得成功。反之，则会遭遇挫折或失败。

这一思想集中体现在中国古代的经典著作《易经》之中。《易经》中“易”字的含义具有相对性与辩证性，通常情况下是“容易”“变换”之义，但特殊情况下也有“难”之义。其特性与它的字形有关，“易”字由“日”和“月”构成，既蕴含着事情像太阳和月亮出来那样容易变换之义，也蕴含着日月交替的自然规律。当人们掌握了自然规律时，做事情就容易；如果没有掌握自然规律，做事情就非常困难，容易出错。就像庄子《庖丁解牛》中所讲的那样，懂得规律并按规律办事，做事情就非常容易，游刃有余。《易经》就是一部研究事物规律的著作，充满了辩证哲理，正如老子所言：“为无为，事无事，味无味。大小多少，报怨以德。图难于其易，为大于其细。天下难事必作于易，天下大事必作于细。是以圣人终不为大，故能成其大。夫轻诺必寡信，多易必多难。是以圣人犹难之，故终无难矣。”①

人们对规律的利用体现在以下两方面。

（1）人们能够利用对规律的认识，预见事物发展的趋势和方向，指导实践活动，如“草船借箭”、“庖丁解牛”、预测彗星的回归、把卫星送入预定轨道等，这些都是利用对规律的认识，预见事物发展的趋势和方向，从而有效地指导实践活动，取得预期目的的典型事例。

（2）人们可以利用对规律的认识，改变或创造条件，限制某些规律发生破坏作用的范围，使人们少受其害或免受其害，直到变害为利，为人类造福，如李冰父子修建的都江堰是我国古代劳动人们利用规律、造福人类的杰出典范。

人们要想在活动中获得预期的目的，即取得成功，就必须遵循规律，按规律办事。按规律办事，就是实事求是，要求人们打破习惯势力和主观偏见的束缚，研究新情况，解决新问题，做到思想和实际相符合、主观和客观相符合。它与解放思想是统一的，只有实事求是，才是真正的解放思想；只有解放思想，才能达到实事求是。

2. 道义，正道

道义是指道德义理或道德和正义，既包括人的良好的积极的动机、态度等心理倾向，也包括人的行为及其结果。正道是正确的道路，即正义的道路，符合社会发展的正当事业的方法或手段，在很多时候指人的端正品

---

①语出《道德经·六十三章》。

行或有道义的行为。它与歪门邪道相对应。依据这一分析，可以看出，成功之道应该是符合社会道德要求的正义的获得成功的方法、方式或途径。它包括：所从事的事业正当正义，所具有的做事的动机、态度正当正义，做事的行为或所采取的行动及其结果正当正义。也就是说，只有那些在正当正义的动机或态度驱动下，从事正当正义的事业，所获得的成就才能称得上是成功。倘若动机不当，态度不正，从事违法乱纪和违背社会道德规范的事情，不管获利再大，也不能称为成功。要获得成功，就必须走正道，做符合道义的事情。儒家文化所强调的“齐家，治国，平天下”就是这样的成功。

3. 万物之源

在道家看来，“道”具有本原性，是世界的本原，即化生万事万物的本原。万事万物的运行轨道或轨迹，也可以说是事物变化运动的场所。老子说：“道生一,一生二,二生三,三生万物。万物负阴而抱阳，冲气以为和。”① 在这里老子明确指出，“道”是世界的本原，“一”是形而上之道向形而下之器演化过程中的中间状态，即“道”的某一瞬态，“二”是万事万物的阴和阳这两个基本属性，“三”是阴阳互转消长盈虚的变化规则即阴阳互动的过程。阴阳不是静止不动，而是互相激荡，互相辅助，互相作用。换言之，“三生万物”中的“三”是指阴、阳、变化规则这三个方面，由此三者生成了万物。

用现在的话说，“道”实际上是一种虚无状态；“一”是一种实体状

---

①语出《道德经·四十二章》。

态，也就是西方哲学自巴门尼德以来所说的本体[①]；“二”是“一”生成的阴阳这两个既对立又相辅相成、相生相克的方面；“三”是生成万物的阴和阳以及阴阳生克作用而生成各种事物的规则。依据这一思想，成与败、对与错等就相当于“道”所生成的对立统一的阴和阳，它们相生相克，相互依赖，谁也离不开谁。它们的相互作用生成了世界中的万千景象。正如老子所说的“福兮祸所倚，祸兮福所伏”，无论是成还是败，都是人在成功之路上会遇到的，一个人要想成功，就必须在成败中不断成长，增长智慧，从败中总结经验教训，从成中提升自己的水平。

比如，人们常说“失败是成功之母”，从道家的角度讲，这句话并不全对。如果没有从失败中总结经验教训，没有磨炼出坚强的心理品质，甚至因此一蹶不振，那失败就永远是失败，不可能成为成功的台阶；如果在失败中汲取经验教训，改正自己的错误，提升自己的积极心理品质，增长智慧，那么，失败就会成为成功之母。

4. 引导

引导的基本含义是“用某种手段或方法去带动某事物的发展”。如果用在人的身上，是指通过行为帮人走出困境，或是带着人向某个目标集体行动。引导者处于主动位置，被引导者则处于被动位置。但又跟驾驭不同，驾驭者总是在后边，更不是凌驾于马背之上。从这一意义上讲，成功

---

① 西方的本体论，无论是唯物还是唯心，都要寻找一个世界的本原。奠定西方本体论基础的巴门尼德对本体做出规定：（1）本体是不生不灭的。（2）本体只有一而没有二。（3）本体是完美无缺的。正是基于巴门尼德的规定，西方哲学一直在寻找一个构成世界的独一无二的本原。基督教中的上帝、莱布尼兹的单子等都具有这种规定性。西方传统本体论有三个基本特点：“第一，设定一种预先与世界相分离的‘本质’或与现象世界的存在方式相分离的存在方式，作为世界的‘本原’或‘真存在’；第二，设定人认识这种‘本原’或‘真存在’的可能性，并以此为前提，然后探究人‘怎样’达到这种可能的认识；第三，这种探究和认识的道路只能是逻辑的。”

之道即是指引个体走向成功或对个体走向成功有启示作用的思想、事物、行为、方法或人等。这些思想、事物、行为、方法或人能在人们走向成功时给予借鉴、启迪或指引，使人们走出困境，朝向正确的方向。通常情况下，引导者在被引导者的前方，可以是行为、动作上先进，可以是思想上先进或技术上先进，等等，但也并非全是如此。

在日常生活中，人们的失败、挫折也常常能给予他人以启示或借鉴，使他人通过思与反思从反面明白成功的方向、途径或方法方式。在这种情况下，人们的挫折失败对于借鉴的人来说也是一种具有引导作用的“道”。比如，历史上的许多新思想、新理念、新方法，都是基于对已有的存在一定问题的思想、理念、方法等的质疑、批判而形成的。在这一过程中，已有的存在一定问题的思想、理念、方法等实际上就是发挥反作用力，起反向引导作用，通过反向作用促进新思想、新理念、新方法等的产生。心理学史上的很多理论思想都是如此。例如，高尔顿通过对名人的研究提出了遗传决定论，其研究结果没有什么问题，不会遭到否定，但他依据这一结果所建构的遗传决定论遭到行为主义创始人华生等人的质疑与否定。华生等人认为，高尔顿没有考虑到父母对孩子的教育、父母对孩子的影响、父母给孩子提供的受教育的环境和条件等。于是华生从自己的知识层面和立场出发，建构出环境决定论。再比如，行为主义强调对具体刺激的反应，而格式塔心理学家用实验表明，行为不是对具体事件，而是对事件之间的关系进行反应，据此提出了关系转换理论。但后来，赫尔的学生、行为主义心理学家斯彭斯认为这种关系转换是有一种限度的，超过这个限度，不仅没办法进行转换，反而可能出现反应抑制。后来他用实验证明了这一假设。这就告诉我们，在走向成功时，要注意借鉴他人的成败经历，从中获得启迪，帮助自己获得成功的经验、方法。这是一个十分重要的成功之道。

其实，在日常生活中，对于我们而言，不是事事都靠自己去实践，去探索，很多人既没有这个精力，也没有这个时间，还没有那么多资源能够提供。一个人要想成功，除了必要的实践之外，更多的是向他人学习，从他人那里获得智慧或灵感。有研究表明，善于向他人学习，是成功者的一个重要特征，而不善于向他人学习，则是失败者的一个重要特征。所以在做一些事情之前，要善于模仿他人，善于向他人学习。如果事事都自己去摸索的话，就可能会走弯路。

5. 疏通

疏通的意思主要有二：一是指打开淤结之处以便水流通畅；二是沟通矛盾或冲突双方，调解双方的争执。

从第一层含义看，就是管道中有了淤结的东西把通道给堵塞了，阻碍水、气体等流动，需要把这些障碍物清除掉，这种清除的行为、方法等就是“道”。在一个人的成功之路上同样存在障碍物，既有外部因素，如别人的阻挠、外部环境的影响、资金的匮乏、资源的缺乏等，也有内部因素，如心理的胆怯、抗挫折心理能力较差、悟性不够、认知水平较低等。只有清除或克服这些障碍，才能使自己一步一步地走向成功。从这一意义来讲，成功之道也是不断清除、克服成功路上的障碍的过程。

从第二层含义看，“道”的含义是调和、调解以使矛盾或冲突双方和谐。实质上就是解决各方的冲突，使各方和谐相处，甚至形成合力。在我国历史上，中国共产党提出的统一战线实际上就是这一含义的具体体现。统一战线简单地说就是“团结一切可以团结的力量”，从政治角度讲，统一战线是指不同社会政治力量在一定条件下，为了一定的共同目标而建立的政治联盟或联合，它是中国共产党战胜一切敌人、困难等的一大重要法宝。正是通过协调各种矛盾而建立起统一战线，使得中国共产党取得了一个又一个胜利。由此可见调和、调解各种矛盾或冲突以形成合力的重要性，它是人们走向成功不可或缺的重要条件。

在日常生活中，总是有人会因为一些小事而产生矛盾或冲突，而且在产生矛盾或冲突后，不是想办法解决，反而是通过自己的行为加剧了这些矛盾或冲突，结果对各方都造成伤害。比如，有些兄弟姐妹之间为了一点点利益，连一点亲情都不讲了，争得不可开交，甚至打官司，一打就是好多年。结果大家都筋疲力尽，亲情没了，钱也没少损失。倘若大家不去争这一点利益，而是都去想方设法努力挣钱，可能挣的钱要比争的那些财产多得多。

曾有学者做了这样一个实验：把 6 只猴子分别关在 3 间空房子里，每间两只，房子里分别放着一定数量的食物，但放的位置和高度不一样。第一间房子的食物就放在地上，第二间房子的食物分别从易到难悬挂在不同高度的位置上，第三间房子的食物则悬挂在房顶。

数日后，他们发现第一间房子的猴子一死一伤，伤的缺了耳朵断了腿，奄奄一息。第三间房子的猴子也死了。只有第二间房子的猴子活得好好的。

究其原因，第一间房子的两只猴子一进房间就看到了地上的食物，于是，为了争夺唾手可得的食物而大动干戈，结果伤的伤，死的死。第三间房子的猴子虽做了努力，但因食物太高，难度过大，够不着，被活活饿死了。只有第二间房子的两只猴子先是各自凭着自己的本能蹦跳取食，最后，随着悬挂食物高度的增加，难度增大，两只猴子只有协作才能取得食物，于是，一只猴子托起另一只猴子跳起取食。这样，它们每天都能取得够吃的食物，很好地活了下来。

这个故事告诉我们，无论干什么事情，在遇到矛盾或冲突时，都应想办法解决，使大家协调一致，这样各方才能都从中收益，就像第三个房间的两只猴子那样。反之，倘若相互争执，加剧矛盾或冲突，不仅使得目标无法实现，而且对冲突各方来说都有可能导致重大损失或伤害。前面的《爱地巴跑圈的故事》也告诉我们，在成功之路上，要尽可能避免不必要的矛盾或冲突，以免把自己的精力、时间、财力、物力等白白浪费在无谓的矛盾或冲突中。这是成功所必备的条件。当然，如果能够在此基础上进一步化解矛盾或冲突，把不利的因素变成对自己有利的因素，则更为妥帖，有利于为成功创造更好的条件。

本杰明·富兰克林是美国著名的政治家，《独立宣言》的起草人和签署者之一。他曾因与一位很有影响的议员政见不同，导致这位议员对待他的态度很不友好，甚至还公开咒骂过他。但是，富兰克林并不想因此而跟他结下夙怨，他决定让对方改变对自己的态度，尽可能使这一对自己不利的势力变成对自己有利的力量。

后来，富兰克林听说这位议员的图书室里藏有一本没有多少人愿意看的特别的书，于是给他写了一个便笺，请求他把书借给自己几天，好仔细阅读一遍。这位议员很乐意地把书借给了富兰克林。一个星期后，富兰克林把书还给他，并附上一封信，强烈表示自己的谢意。当他们再次见面时，那位议员竟主动地跟富兰克林打起了招呼。后来，他与富兰克林成了很好的朋友，并且在很多方面都对富兰克林给予支持。

在这则故事中，富兰克林通过非常巧妙的办法化解了他与别人的矛盾，把不利于自己的因素变成了对自己有利的因素，消除了自己成功道路上的障碍。它告诉了我们一个浅显的道理：“多个朋友多条道，多个敌人多堵墙。”倘若在日常生活中能够化解自己与他人的矛盾或冲突，把不是朋友的人变成朋友，甚至把敌人或仇人变成自己的朋友，那么自己就多了成功的条件或路径。

二、中国哲学中“道”的意义

（一）“道”的哲学意义

“道”是中国哲学的基本核心概念之一，意指万事万物的运行轨道或轨迹，也可以说是事物变化运动的场所。“道”的本义是“自然”，也就是事物本来的样子，就如同柏拉图对“美本身”“善本身”的探究和界定一样，不能用有生有灭、时生时灭、非绝对的、具体的美的事物界定美或善，而应用永恒的、无始无终的、不生不灭、不增不减的性质来界定美或善。这就是说，“道”在中国哲学中具有本体论意义。本体论探讨的问题是哲学的基本问题，是西方哲学最早探究的问题，也是哲学必然探讨的根本性问题。这是因为，寻求万物始源，探索生活真谛，是人类思维的本质特点，人总是力图从永恒的变中找到不变，从相对中找到绝对，致力于将瞬息存在与永恒精神结合起来。无论古今中外，思想家们总是力图探明世界的本原，试图把世界的本原归结为某种（些）物质、精神、中性（既不是物质也不是精神，而是二者的合成物）或某些抽象的东西、规则等。简言之，本体论实际上是人类对事物不变的本质或世界的本原的追问或探求。

在中国文化中，作为本体论的“道”是指一切事物和非事物自己如此，例如，日月无人燃而自明，星辰无人列而自序，禽兽无人造而自生，风无人扇而自动，水无人推而自流，草木无人种而自生，不呼吸而自呼吸，不心跳而自心跳，等等。“道”是所有的事物和非事物不约而同共同遵循的某种东西。它是变化之本，不生不灭，无形无象，无始无终，无所不包。它在开始时是没有名字的，只是中国的先祖们勉强称它为“道”。正如老子所言：“道可道，非常道。名可名，非常名。无名天地之始；有名万物之母。故常无，欲以观其妙；常有，欲以观其徼。此两者同出而异名，同谓之玄。玄之又玄，众妙之门"[①]意思是说，"道可以说，但不是通常所说的道。名可以起，但不是通常所起的名。可以说它是无，因为它在天地创始之前；也可以说它是有，因为它是万物的母亲。所以，从虚无的角度，可以揣摩它的奥妙；从实有的角度，可以看到它的实有与虚无只是说法不同，两者实际上同出一源。这种同一，就叫作玄秘。玄而又玄啊，宇宙间万般奥妙的源头。"

（二）自然之"道"和认识与言说之"道"

对老子的"道可道，非常道"进行分析探究，可以看出，老子所说的作为世界之本原的"道"是自然而然、自在自为的，可为人们所认识、所体会、所依据，但不可言说。正如庄子在《知北游》中所讲，知北问无为谓何为道，无为谓不知如何回答；又问狂屈，狂屈本来想给出他答案，但他欲说时又忘了该如何说，也没有回答他；最后他去问黄帝，黄帝告诉他"无思无虑始知道，无处无服始安道，无从无道始得道"。[②]从黄帝那儿他得到了答案，他认为黄帝高明，但黄帝对他说："彼无为谓真是也，狂屈似之；我与汝终不近也。夫知者不言，言者不知，故圣人行不言之教。"[③]黄帝的回答与后面老子对孔子所说的"夫道，窅然难言哉"[④]意思相似。概言之，中国哲学作为本体的"道"是不可言说的，它本身就是自在之物。就如惠能等一些中国思想家所讲的，"了无一物可见，是名正见。无一物可

①语出《道德经·第一章》。
②语出《庄子·外篇·知北游》。
③语出《庄子·外篇·知北游》。
④语出《庄子·外篇·知北游》。

知，是名真知。”[①] 这也就是说，人们之于“道”而言，只能领会、体验、遵循，而不能言说。既然不可言说，那人们是否可以认识它呢？又该如何追循呢？正如中西哲学家通常所做的镜子与镜像的比喻那样，人们能够说出来的“道”，是人们在自己已有的认知水平、看问题的角度、所持的立场等基础上所认识到的“道”，是人们在对“道”认识的基础上所提出的法则等，它会因人的认知水平、看问题的角度、所持的立场、价值观等“心”之不同而不同，并不一定能发映出其真实面目。如儒家主要讲善（“人之初，性本善”即是此意）；道家讲虚无或自然；禅宗讲空或自性。所以，对于不同的人而言，这样的“道”始终在变。由于人们认识的“道”是由自己的心造出来的，可能会与真正的“道”有一定差异甚至有可能相悖，可能会是虚假的，因此，如果人们固执己见的话，这些己见可能会对他们明白真正的“道”造成障碍。

《礼记·中庸》指出：“天命之谓性，率性之谓道，修道之谓教”[②]，明确指出“道”是自然而然的这一性质。所谓“天命”，指的是自然运行之道，也就是现在人们说的自然规律或自然法则。实际上就是老子所说的“大道”。“大道”是事物形成与发展的自然法则或规律，不管人们认识不认识，它都是那样。正如阴阳相生相克的对立转化规律那样，单独的阴和阳都不是“道”，阴和阳合起来也不是道，只有阴与阳相互转化而孕育万物的规律才是“道”。所谓大道无形，不可言说，能言说的只是人们对“道”的认识，即人们只能把自己对“道”的认识说出来，但说出来的还不是对“道”认识的全部，而只是认识中能够转化成语言的那部分。庄子在《知北游》中明确表达了这一思想，黄帝告诉知北，他虽然非常详细地

①语出《六祖坛经·机缘品》。
②语出《礼记·中庸》。

说明了“道”是什么，但实际上并不是真正的“道”。正所谓“一阴一阳之谓道，继之者善也，成之者性也。仁者见之谓之仁，知者见之谓之知，百姓日用不知，故君子之道鲜矣！显诸仁，藏诸用，鼓万物而不与圣人同忧，盛德大业至矣哉！富有之谓大业，日新之谓盛德。”。[①]我们根据《易经》《道德经》等传统文化思想对这段话作如下解释：阴和阳相生相克的变化规则就是“道”，按照这样的“道”来做任何事情都能把事情做好[②]，按照此“道”生成或形成的性质或特性就叫作“性”[③]。“道”包罗万象，生成万物，仁爱的人能从“道”中发现仁爱的思想和方法，即见到“仁”；智慧的人能从“道”中发现智慧并据此增长自己的智慧，即见到“智”。普通老百姓在日常生活中不自觉地按照“道”来做事但却对“道”茫然不知，所以知道成为君子[④]的途径和按君子的准则去做事的人就非常罕见了。“道”在人世间显现出来就是仁德，即“道”的外在表现为仁，在未显现时潜藏于日常的生活中而没有被人们所察觉，自然而然地鼓动化育万物而无所谓忧虑，这虽与圣人通过对“道”的体悟而产生的忧患之心有所

---

①语出《易经·系辞上》。

②“继之者善也”中的“善”是指“顺天修道，顺阴阳，合天道”，唯有如此，无论是维护身体健康，还是处理人际关系，抑或是做事情，都能取得好的效果。

③ 这里的“性”是指各种各样的事物的“本性”，比如“水利万物而不争，处众人之所恶，故几于道”。“性”也包括人性，人性是天道赋予人的这种善得到完成和显现，或者说人秉受天道之善而形成的与“道”相符合的性质。

④君子是儒家所认为的标准的理想人格标准，在今天也常常把它作为衡量一个人好坏的标准。按照儒家思想，君子应具有的心理特质有“仁、智、勇”，用孔子的话说就是“君子道者三，我无能焉，仁者不忧，知者不惑，勇者不惧”（《论语·宪问》）。“仁、智、勇”在君子身上是统一或一体的。仁德之人的核心特征是利他，在他们的心目中是无我或忘我的，为了成全他人而不计较个人得失，因此他们（君子）坦坦荡荡。既然坦坦荡荡，不追求个人利益，一切为仁为义，因此他们能够在面临生死抉择时大义凛然，无所畏惧，所以说他们“勇”。既然不追求个人得失，坦坦荡荡，就不会受到功名利禄情等外物的诱惑或扰乱，做人做事没有羁绊，尽心去做，保持内心的宁静，因而说他们“智慧”。

不同，但都可以成就盛德和大业。拥有万物就叫“大业”，每天进步就叫“盛德”。这段话充分说明了人们对“道”的认识、利用各不相同，由此为人处世的效果也就有了千差万别。

上述分析表明，“道”是自然之性，人们说出来的“道”是人的认识的结果。由于人的认识难免出现偏颇或错漏，因此说出来的“道”就可能有人反对，也可能有人赞同。纵观古今中外，所有伟大思想家如老子、孔子、苏格拉底、柏拉图等的思想莫不如此。尽管他们的思想影响至深至广至远至长，但在任何历史时期都会有不同意见或反对之声。

从这一视界看，“道”就是万事万物运行的自然之道。《易经》讲到：“乾道变化，各正性命。”[①]其义是说，“道”的运行形成万物，万物因道的运行各得其性命之正。“道”在生成万物时所赋予给万物的是“性”，万物接受这一“性”后在自己身上所表现出来的是“命”。如果说“性”像一颗种子，那么“命”就是这颗种子生根发芽、开花结果、衰老死亡的生长过程。这样，因为“道”的作用所有事物都具有了各自的禀赋或禀性，在生长过程中因受到各种因素的作用形成了各自的品性即“命”。这就是说，人的“性”是人的自然之性，人的“命”是“性”在生命历程中的作用或表现。

正是因为人们认识并说出来的“道”是人们认识的结果，可能与真正的“道”有所偏差，因此老子才说“道可道，非常道”，禅宗则强调“心行处灭，言语道断”。换言之，“道”是一种自然运行的法则，是自然而然的，它本身无所谓对错，对它只可体会、觉悟，但不可言说。人能够言说的是人认识的结果，是人所表达出的自己的看法，而这种认识的结果或看法会由于人的认识不同而有对错、正误、好坏之分。实际上，不管是谁的

① 语出《易经·乾卦·彖传》。

思想、看法，都会有认同的，也会有反对的。老子、庄子等人之所以用“道”这个字来称谓“阴阳变化生成事物的法则”，只是为了让人们明白“道”而迫不得已使用这一个概念而已；惠能等人说的“空”，只是为了让人们明白佛理而不得不用的名称而已。真正的“道”或“空”是没法言说的，只能靠修行者自己去体会。这就是“智慧不能给”的道理所在。

（三）对成功的启迪

1. 按照阴阳变化之道来做事

中国文化把“道”视为阴阳变化的法则或规律，由于所有事物都是由阴阳两方面构成的，它们的生成和演变也是由阴和阳对立统一的相生相克变化法则决定的，因此，依据或遵循阴阳的变化法则或规律，实际上就是依据或遵循事物的生成、发展和演变法则或规律。按事物的运动变化和发展规律来办事，事情就很容易做成；反之，不按事物的运动变化发展规律做事，甚至违背其规律，事情就难以做成。

2. 按照事物的特性来做事

“道”之运行生成万事万物，“道”在它所生成的各种事物上的表现就是事物的“性”（即性质和特性），人们在做事情时“依道而行”实际上就是依据事物本身的性质或特性来做事。荀子在《劝学篇》中指出：“君子生非异也，善假于物也。”实际上就是告诉我们要善于利用事物的属性或特性。比如，在治理水时，要善于利用“水往低处流”的特性，大禹治水就是如此。在对人进行管理时，就要善于利用“人往高处走”的特性，正如荀子所言：“登高而招，臂非加长也，而见者远；顺风而呼，声非加疾也，而闻者彰。假舆马者，非利足也，而致千里；假舟楫者，非能水也，而绝江河。”[①] 正是充分利用事物本身所具有的特性，才使得人显得无所不能，无所不会。这就告诉我们，要想成功，应依据事物的特性善于利用事物；多向事物学习，依据事物的属性来反观自身应该具有什么样的特质或品性。儒家的格物就是如此。通过格物来实现致知、诚意、正心，进而修身、齐家、治国、平天下。

3. 按照自己的特性来做事

“道”体现在它所生成的万事万物上就是“性”，即禀性或禀赋，禀赋或禀性在事物上的发展变化就形成了事物的命运。对人来说也是如此。由阴和阳结合而生成的每一个人都具有各自的“性”，它是阴阳变化之道在人的身上的具体体现。由于“道”生成在每一个人身上的“性”都具有各自的独特性，因此每一个人的“性”的发展演变也不一样，用现代心理学的话来讲就是个性不同。人们平常所说的“人心不同，各如其面”就是此义。因此，任何人要想把事情做好，要想成功，就需要根据自己的独特的“性”，也就是自己的“道”来做事。心理学研究表明，成功最重要的一个条件是寻找自己的特点，然后依据自己的特点来确定自己的发展道路，所以每一个人都有自己独特的发展道路。成功之路就是走自己的独特之路。别人在某一个方面比你强，但你可能在另外一些方面比他强，我们每一个人都是独特的，所以没必要去羡慕别人，而应根据自己的特质去发展构建属于自己的命运，把自己的命运把握在自己手里。

由于我们每个人都是独特的，因此我们必须意识到我们对事物的认识只是自己的认识，这一认识可能有片面性。那么，该如何去克服和消除自己的片面性呢？那就是接受他人的与自己不同的意见、见解或做法，并与自己的看法、做法整合起来。由于每个人的心都具有独特性，因此所理解

---

① 语出荀子《劝学篇》。

的东西都或多或少有些差异，即使是人心所建构的貌似客观的现代科学知识也是如此。《盲人摸象》的故事非常形象地说明了这一点。

4. 保持自然而然的平常心

生成万事万物的阴与阳是对立统一的，依据阴阳的辩证关系，可以说成败、得失、生死、祸福等所有的矛盾双方都是相互依存的，有一方就必然有另一方，没有一方就必然没有另一方。认识到这一点，我们就会保持一颗平常心，对成败、得失、生死、祸福等都看得非常自然，在现实生活中该干什么就干什么，对任何有益的事物、观念、言语都不贪求，对任何不喜欢的东西都不刻意摈弃，去留无意、宠辱不惊。只有放下或抛开顾虑，不受成败、得失、生死、祸福等羁绊，放开手脚专注地去做事，才能真正地把事情做好。

平常心实际上是一种不刻意不执意的心态，它没有特殊的表现方式，只是一种自然运行的自在。它要求对任何结果或事情都保持定力，冷静对待，始终从容不迫；对任何事情都要尽力去做，但不去追求非要得到什么完美结果不可，尽力就好，不管结果如何都坦然接受。从这个意义上来说，平常心是一种避免烦恼的处世哲学。

依随平常心，世上有一些东西是你自己支配不了的，比如运气和机会、舆论和毁誉，那就不去管它们，顺其自然吧。世上有一些东西，是你自己可以支配的，比如兴趣和志向、处世和做人，那就在这些方面好好地努力，至于努力的结果是什么，也顺其自然吧。我们不妨去追求“最好”——最好的生活，最好的职业，最好的婚姻，最好的友谊，等等，但是，能否得到“最好”，取决于许多因素，不是光靠努力就能成功的。因此，如果我们尽了力，结果得到的不是“最好”，而是“次好”“次次好”，我们也应该坦然地接受。人生原本就是有缺憾的，在人生中需要适当妥协。不肯妥协，和自己过不去，其实是一种痴愚，是对人生的无知。

三、依据“道”字的结构分析

（一）基于“辶”的分析

“道”字是由“辶”和“首”构成。“辶”俗称“走之底”或“走之旁”。如果从“走”这一字义上讲，“道”是指人走的路，而这一条路是要靠人自己走出来的。正如鲁迅所言，“其实地上本没有路，走的人多了，也便成了路。”用之比喻人生，可以说每个人的人生道路都是他们自己走出来的，每个人走的路如何，他的最终归宿或命运也就如何。如果总是走别人走过的路，那么这个人虽然不会因冒险而遭受巨大损失，路走得稳妥稳当，但一定也不会有多大出息。如果走一条属于自己的独特之路，可能这条路并不好走，极有可能会遇到巨大的困难或障碍，甚至最终走不下去，但若能够走得通，就非常有价值，能够创造出巨大成就。

在日常生活中，在很多情况下是没有路的，要走出一条路全凭自己探索，这就像俗语所做的比方——“摸着石头过河”。例如，中国共产党领导的新民主主义革命，并没有真正的现成之路可循，最早学习甚至照搬苏联的革命之路，结果失败了。后来在苏联经验的基础上，通过自己的不断探索，最终走出一条切实可行的成功之路。再如，社会主义建设与发展，也没有一个可以照搬的路，中国共产党再一次发扬“摸着石头过河”的精神，通过积极探索，逐渐开辟出一条中国特色的社会主义之路。“摸着石头过河”也就成为中国改革开放的方法论。这实际上是在告诉我们，成功之路是每一个人自己走出来的。如果谁想成功，那么他就要敢为天下先，走别人没走过的路，敢于披荆斩棘，勇于开拓创新，而不是墨守成规，不思和不敢革新。在成功道路上，任何人都不能只是贪图现成、稳妥、稳当、安逸，不能只是沿着前人的足迹走，那样只会重复走别人走过的不一定适合自己的路，这样的路不足以保证自己成功。任何想要成功的人，必须抱有对成功的希望甚至渴望，希望的有无，正像地上的路的有无一样。路，是人走出来的，是勇敢的人们开拓出来的。敢于奋战而前行的人多了，世界上也就有了路。也就是说，要实现自己的希望，要创建希望中的新生活，就要脚踏实地，奋然前进。谁也不能断定一种理想能不能最终得到实现，关键在于有没有人去追求，有人去追求，有更多的人去追求，就有希望，哪怕前方没有道路，我们也能开创出一条道路；如果没有人去追求，或者只有极少的人去追求，就没有希望或没有更大的希望。只有空想希望而不为其奋斗、追求，希望是不会实现的；有了希望，并且始终如一地追求、奋斗、实践，那么希望才有可能实现。

在现实生活中，每个人都希望别人为自己铺就一条没有坎坷的康庄大道，但实际上这是不太可能的。自己的路是自己走出来的，没有亲自去走，亲自跨越路上的沟壑与障碍，是不会拥有一条属于自己的成功之路的。任何人想要拥有光明的前途，就必须从眼前一步一个脚印地去走，去开辟他的道路，为自己的未来去奋斗、拼搏，就像荀子在《劝学篇》中所言，“不积跬步，无以至千里；不积小流，无以成江海。”当然，人生之路并不一帆风顺，总会遇到困难与障碍，总会出现落寞、挫折或失败，遇到这种情况怎么办？要鼓起勇气不断去克服、战胜、超越，这样才会使自己更有智慧，更有能力，更有积极的心理品质，由此使自己的人生之路越走越顺，越走越宽广，越走越精彩。

由于每个人都是独特的，因此每个人的成功之路也都是自己的独特之路。在走这条路的过程中，尽管需要且必须参照他人所走过的路，即借鉴他人的经验教训，但必须与自身的条件如能力、人格特征、身体状况等相一致。

（二）基于“首”的分析

人生的路该怎样走?“道”字的主要构成部分“首”告诉了我们。

“首”最基本的意思是头、头脑。头、头脑是指挥人的身体运动或活动的中枢器官，因此，人生的路该怎么走，要靠人的头、头脑即“首”来指挥。由于头脑是人的心理活动的物质基础或神经机制，因此科学心理学把心理实质界定为“脑的机能”，而人的行为又是心理活动的外现，是在心理活动的作用下表现出来的，因此，“首”对“走”的指挥是通过“首”对内外情况的认知、情感体验和意志品质来实现的。人生的路要走好，必须要有头脑对内外情况的正确的认知，有头脑产生的积极的情感（情商）来提供动力和支撑，有源自头脑的良好的意志品质来护航。

“道”是自然而然的，是客观的，不以人的主观意志为转移的，但是人们对“道”的认识、把握和遵循则受人的主观因素的制约。人的头脑聪明，有智慧，就能更好地认识、把握并遵循自然的“道”，由此就能使自己所走之“道”与自然之“道”相契合，走出一条正确之道、成功之道。反之，倘若人的头脑愚钝、迷糊，就认不清自然之道，更谈不上把握和遵循自然之道，由此就会经常做错事，不可避免地遭受挫折失败。综观社会各领域，成功都属于那些有智慧的先知先觉者，即具有预见力的人。通常，每一次机会的到来都会经过“看不见”“看不起”“看不懂”“来不及”四个阶段。第一个阶段是在机会即将到来但还未真正显现时，一般的人看不到机会，而那些有预见力的人已经看到机会并着手去做；第二个阶段是那些有预见力的人已经开始做把握机会的事，但缺乏预见力的人却认为他们是傻子，居然做这样的似乎看不到希望的事，对他们做的事看不起；第三个阶段是有预见力的人做事已经有了成效，但缺乏预见力的人觉得不可思议，故而看不懂；第四个阶段是当那些缺乏预见力的人真正看明白再去做的时候，最佳时机已经过去，故而说来不及。这充分说明了头脑对人的成功的重要性。

既然如此，那么人要想成功，主要就是要认知和把握内外两个方面的“道”。

在中国哲学看来，世界是由阴阳构成的，包括人在内的世界中的万事万物也是由阴阳构成的，阴阳相生相克，交互作用，相互消长，形成了宇宙万象及事物的形成与发展演变。阴阳的生克、消长、交互作用所遵循的规律即是“道”。无论做什么事情，依“道”而行，依“道”而做，就会容易成功；否则，就会失败，遭受挫折。诸葛亮之所以能够借东风，三把火[①]确立并巩固自己的地位，就是因为他洞察了阴阳变化，依阴阳之道而行。倘若人没有认识到阴阳变化之规律，就会陷入困境，遭遇挫折或失败。不过，这也从反面说明，人们在陷入逆境，遭遇挫折或失败之时，也正是认识、懂得并遵循规律之日。详细来说，人陷入逆境，遭遇挫折或失败，肯定是做事情有悖于“道”即规律，这时候，只要认真地对逆境或挫折、失败加以分析，就可以认识“道”即规律。认识了“道”，就会在此基础上明白“道”或懂得“道”，进而可循“道”而行。由此看来，逆境或挫折、失败对人来说是有益的。其有益的作用能否发挥，关键还是取决于人们的认知和态度。

除了对外部事物的本质和规律即“道”的认识外，还要对自己内在的特质和发展变化规律即内在的“道”进行认识。例如，恰当认识自己是谁，能干什么，该干什么，自己有什么特点，既包含优点，又包含弱点。强调优点主要是要求在日常生活中能发挥自己所长，这是成功的关键之一。而知道自己有什么缺点，才能避免弱点的消极影响，扬长避短。只有

①《三国演义》中描写诸葛亮出山后放了三把火——火烧博望坡、火烧新野、火烧赤壁。

对自己进行恰当的认知，才能给自己恰当地定位，才能确立适合自己的发展方向，走出一条属于自己的独特之路。在给自己定位时，首先要了解过去和现在的自己，包括自己的能力、知识经验、做事风格、性格气质、人脉关系等，把过去和现在的自己统一起来，并以此为依据来确立自己的发展方向或道路；其次要把自己的情况和社会的实际结合起来，依据自身条件和社会发展条件来确立自己的发展方向或路径，而不是一味地抱怨，总觉得自己生不逢时，并为之而感到痛苦。一个人如果低估自己，就会自卑，消极退缩，缺乏信心和自尊，自己看不起自己，不敢与人比较或竞争，甚至还会对别人产生羡慕嫉妒恨；而高估自己的话，则会狂妄自大，盲目乐观，不能理智地分析情况，轻视甚至看不起别人，导致目标选择失误，从而招致失败或挫折。

（三）基于“自”的分析

“首”字下面的部分是“自”。其含义为，无论是对“道”的认知、把握和遵循，还是对自己的认知、把握和根据自己的特点走出一条适合自己的路，都要靠自己，别人是帮不了你的。尽管我们在很多时候需要他人的引导、指点乃至教诲，但如果我们不理解、不明白，或者在心理上抵触，不愿接受他人的引导、指点和教诲，那么，他人的引导、指点和教诲就不会起到有效作用，甚至还有可能起到消极的反作用。如具有逆反心理者，让他向东，他就偏向西；让他向左，他就偏向右。这就是人们说的“佛不渡人人自渡”的道理。修身须修心养心，做事应先学会做人，自觉、自省、自悟。否则，不想改变、不想超越、不愿拼搏，怨天尤人、偏执妄想、做白日梦，将永远无法得到解脱，活得洒脱。有很多人之所以烦恼、苦闷，主要是因为其在内心为自己造了一个牢笼，把自己给囚禁了起来，束缚了自己的手脚，自己吃饭自己饱，自己喝水自不渴，自己生死自己了。

这实际上是在告诉我们，自己的“道”要靠自己悟，自己的路要靠自己走，别人代替不了，也无法代替。古今中外无数人的经历表明，每个人的路都是他自己走出来的。事实上，每个人的生活都是自己活出来的。何为生活？生活就是人在活着时的生命活动或运动，人的生命活动或运动如何，其生命就如何，他就具有何种命运。我们只要活着，都会有自己的舞台，每一个人都承担或扮演着不同的角色，或靓丽或卑微，或重要或不重要，或主角或配角，这一切都要依靠自己的“表演”或表现。凡路必有坎坷，人生之路亦如是。对待这些坎坷的态度不同，就会形成不同的人生或命运。如何对待人生路上的坎坷，主动权全都掌握在每个人自己手里。如果遇到一些坎坷就害怕、退缩，那迎接你的就会是灰暗的人生；如果无惧这些坎坷，勇敢、智慧地去清除它们，就会迎来辉煌的人生。

2018 年，在网络上热传一篇《感谢贫穷》的文章。该文是当年考上北京大学的一个 18 岁女孩写的，她在高考中考出了 707 分的高分。这篇文章之所以能够热传，主要是其中所表达的对待贫穷的态度很具有激励作用。文中的主人公拥有非常积极的对待贫穷的心态，正是这种积极的心态，使得贫穷在她身上发挥了不同的作用，成为她拼搏向上的动力，由此走出了一条别样的人生之路。正如这个女孩在文中所写，面对贫穷，有些人自卑、消沉、精神贫瘠，而有些人则坚强、努力克服。是什么造成这两类人的差异？是人自己对待贫穷的态度以及个人所具有的化功。这篇文章描述了多个方面的转化，其中主要的转变有：第一，面对同学对自己穿戴的嘲笑时，妈妈的“不要理他，踏实做事就好”使她发生了转变，从而能够坦然地面对别人的讥讽。第二，当她与妈妈、弟弟三人直到天黑才走回家时，她的观念与心态发生转变，明白了“幸福不是因为生活是完美的，而在于你能忽略那些不完美，并尽力地拥抱自己所看到的美好与阳光”。第三，学会发现并欣赏生活中的美，如捉虫喂鸡等。第四，物质的贫穷带给了她精神上的富有。第五，变贫穷为希望、永不低头的勇气和奋进的动力。第六，明白了穷和富究竟起什么作用取决于人心——“真正可怕的不是贫穷带来的苦痛，而是深处底层却失去突出重围的决心”。有了这样的对待生活的积极态度和化功，有理由相信文章中的主人公的路会越走越好，无论将来遇到什么压力，遭遇什么艰难，她都能够用化功把它们变成对自己发展有利的因素。

无独有偶，同样在2018年，云南省曲靖市的一位男生与上述故事中的那位女孩一样，面对贫穷积极拼搏，以优异的成绩考上了北京大学，在打工的工地上收到了北京大学的录取通知书。他们为什么能这样？就是因为他们有积极的面对贫穷的态度和行动，以及把贫穷这样的不利条件变成动力的高超的化功。正是这样的积极心态和化功，使他们从自卑走向自信，从狭隘走向开阔，从农村走向大都市，经受住艰难曲折的考验而挺立。尽管考入大学仅仅是个开始，以后的路还很长，难免还会遭遇到更大的考验，但只要具有积极的心态和强大的化功，就能经受住考验，并在考验中成长。

四、“道”与为人处世

为人处世是为人和处世的合称。“为人”就是成为或作为“人”，概言之就是“做人”；“处世”就是处理世间或生活中的各种事情，概言之就是“做事”。把“为人”和“处世”结合在一起，是指一个人对待或处理日常生活中人与人之间关系和生活中各种事情以及事务的方式与方法。为人也好，处世也罢，都要遵循一定的“道”。只有遵循了“道”，才能真正做好人，做好事。为人处世所遵循的“道”是自然之道在为人处世方面的具体体现。

（一）为人之道

为人之道是指做人之道。做人主要体现在处理人事上，尤其是处理人与人之间的关系上，因此，为人之道主要是处理人与人之间的关系之道。

在人际交往中有一个黄金法则和一个白金法则。黄金法则就是：你想让别人怎么对待你，你就怎么去对待别人，比如你想让别人尊重你，你就要尊重别人，你想让别人爱你，你就要爱别人，你不关爱别人，你就别想让别人关爱你。用孔子的话说就是“己所不欲，勿施于人”“己欲立而立人，己欲达而达人”。“己所不欲，勿施于人”主要是从否定角度讲的，意指“你不想要别人怎么对你，你就不要这么去对别人”；“己欲立而立人，己欲达而达人”主要是从肯定角度讲的，意指“自己要事事行得通，也要设法让别人事事行得通；自己要站得住脚，也要设法让别人站得住脚”，或“在自己谋求生存与发展的同时，也要帮助他人生存与发展，不能只为了满足自己的欲望而忽视了他人的存在，更不能以牺牲他人的利益为代价来谋求自己的生存与发展”。不管怎样理解，意思都是一样的，都是要求“用自己的感受，去体谅别人的感受”。

而白金法则则是：别人希望你怎样对待他们，你就怎样对待他们。白金法则提出了一个十分重要的与黄金法则不同的理念，那就是以别人为中心，即根据别人的需要，来组织交往的技巧与技术，这样才能更好地打动他的心，建立良好的人际关系。它明确告诉我们，不要以自我为中心。虽然人人都有一个“自我”，都有自己的需要、立场、观点、方法、性格、喜好、人生观等，但要做一个聪明人，就不能够只是站在自己的角度，而应该多替他人着想，因为没有他人，也就没有自己。白金法则的关键是，要求我们切实站在别人的角度去理解、思考。

（二）处世之道

处世之道是指做事之道。如前所述，做事要遵循事物的本质或发展变化规律。比如，中国文化强调天人合一，天人合一就是人与自然和谐相处，顺应自然、保护自然、合理利用自然，而不是凌驾于自然之上滥用或破坏自然。用现在的话来讲，就是遵循自然规律，依据自然条件正确合理地保护和利用自然条件，即保护与开发利用相结合。在人与自然的关系中，适应才能使人幸福，保护才能得到尊重。不管是在身体上，还是在心理上，人只有适应环境，恰当利用环境提供的条件即善假于物，才能更好地生存与发展，进而获得幸福。否则，不能适应环境，就无法生存，更谈不上发展与成就。人们常说的“靠山吃山，靠水吃水”，就是这个意思。当然，要使人们更好地生存与发展，不只是对自然的开发与利用就够了，更重要的是对适合人生存的自然的保护与改善。只有保护好自然，改善自然状况，维护生态平衡，才能使人有更适宜的生存环境。正因为如此，保护和改善环境的人，容易得到人们的尊重，获得人生尊严；而破坏环境的人，则不仅会遭到自然的报复，而且会遭到人们的不齿与唾弃。

人与自然的和谐实际上是自然之道或天道与人道的契合，它对于人的生存与发展具有十分重要的意义。天人合一体现在如下多个方面。

（1）与自然保持一致，根据气候、季节等自然变化对自己加以调整。

（2）模仿自然，从自然现象中得到启示或启发，找到养心或保持健康以及成功的理念、途径与方法，格物致知就是这个意思。

（3）顺其自然，对什么事情都能看得开、想得开，做到“气顺”“心顺”“耳顺”，心不烦、气不躁，这样才能淡泊明志，宁静致远①，把事情做好，把健康维护好。

（4）不“逆天行事”，把自己无法控制或改变的东西尤其是自然的东西视为合理，按照客观规律安排自己的生活与工作。

（5）不要把自己凌驾于自然万物之上，随心所欲，为所欲为，不合理地对待或滥用自然，这样会害人、害己。

（6）合理利用自然界中的东西，用它们来调理自己的身心，如食疗等。

（7）按照生理与心理活动的规律来处理问题。

（8）不要与自然过不去，用消极或不良的心态看待自然。如认为阴雨天不好，一遇阴雨天就心烦，这种心态本身又会成为一种心理暗示，形成心理与环境因素的恶性循环。

（9）做到“人神”与自然的息息相通，使机体外环境与内环境保持动态平衡。

---

①“非淡泊无以明志，非宁静无以致远”这句话的基本含义是：不看轻世俗的名利，就不能明确自己的志向，没有身心宁静就不能实现远大理想。反之，过分追名逐利、生活奢侈、内心躁乱、易于激动，就会迷失人生方向，还可能导致心理疾患，使自己经常为得失而苦恼，因计较而失去尊严。淡泊宁静、欲望适度，不仅能使人临危不乱、处变不惊，坦然对待失败与挫折，增强对心理问题的抵御能力，而且也是预防和治疗心理问题的有效措施。日常生活中，人的许多苦恼、不安以及尊严的丧失等都是因为欲求过高过多和过分追名逐利，而内心祥和宁静可以使自己始终体验到快乐与幸福，不与人斤斤计较，而获得他人的尊重，使自己有尊严。中国人为人处世历来坚持“中庸”原则，认为幸福的最大障碍是太过或不及，因此获得幸福的基本措施是消除太过或不及，使心理保持平衡。依据这一原则，个体若想获得幸福与尊严，应做到：（1）平和中庸，心态平和，不要太过于重视结果；（2）淡泊名利，不要太过于追求功名利禄；（3）活动适中，既不应过于劳累，也不能无所事事；（3）追求适度，既不要什么都想得到，也不能无所追求；（4）为人平和，与人为善、为利，和气生财、生福；（5）心胸坦荡，不过于计较；（6）摒弃杂念尤其是对生理或物质需要的贪求，保持心神宁静。

第二节 心道

心道是心理活动或心灵之道，它是自然之道在心理活动或心灵的具体体现或反映。人做事能否成功，在很大程度上取决于其心灵（心灵是否强大）和心理品质（如积极的心态等），因此，心道对于人的成功和生活质量有很大影响，甚至可以说起决定作用。

一、何为心道

心道是指心理活动的规律，在这里主要是指人的生活、工作、学习的心理之道，也就是决定人的生活是否幸福，工作、学习是否有成效的心理因素和心理法则或规律。在这一意义上可以说，心道是修炼自己的心理素养的过程及其结果。而要做到这一点，就需要明白“心”是什么。从人们日常生活中的心理活动来看，“心”可以分为识心、集心、显心、观心之心。

（一）识心

识心是认识之心，它实际上是各种刺激作用于人感觉器官而在头脑中产生的心理活动，其主要作用就是对各种刺激或事物的认识。“识”是认识或意识及其结果，是人对事物的认识和分别，它通常包括眼识、耳识、鼻识、舌识、身识、意识等六识。六识是六根即眼耳鼻舌身意的官能，产生见、闻、嗅、味、触、知等识别作用。眼识是眼睛见色之功能，谓之见；耳识是耳朵闻声之功能，谓之闻；鼻识是鼻子嗅气味之功能，谓之嗅；舌识是舌头上的味蕾尝到味道之功能，谓之味；身识是身体皮肤接触事物所触觉感受之功能，谓之触；意识是通过想象、思维等知晓事物之功能，谓之知。六识实际上是科学心理学中所说的视知觉、听知觉、嗅直觉、味知觉、触压知觉、思维和想象等心理活动，即科学心理学中所讲的认识过程或认知活动。由于其主要作用或功能是对事物加以认识，所以称之为认识之心，简称识心。它是主客观相互作用的结果，更为准确地说是客观作用于主观的结果，即客观事物触发的主观认识。这也就是说，虽然作用于人的客观事物相同，但对不同的人来说所产生的主观认识不同，由此导致不同人心里的世界各不相同。概言之，识心具有主观性。

在认识过程中，必然要对事物加以区别。比如，认识什么是人，就要把人与动物加以区别；认识男人或女人，就要把男人和女人加以区分。否则，不把事物区别开来，也就无法对事物加以认识。所以，“识”中包含着“别”，可称为识别。据此可以说，“识”是辨别各种事物的官能活动，即认知器官对环境或事物的分别识知的心之作用。由于识心具有主观性，因而，认识和辨别也具有主观性和个别差异性，由此形成了不同的人的内在心理世界。

（二）集心

集心是识心集聚整合而成的内在心理世界。六识不断地把接收到的信息输入人的心理内部，经过个人的加工处理逐渐形成人的观念、思想、情绪情感、需要或动机、态度或心态、意志品质、人格特质等心理世界。例如，积极的思维形成积极的观念或心态，正确的认知形成正确的学识和智慧，等等。由于它是识心集聚整合而成，因此称之为集心。它是现代科学心理学所研究的人的心理世界，相当于存在心理学之父罗洛·梅所说的"自我内在世界"，它是每个人自己建构出来的心理世界，是人存在的主要方式和基础。在日常生活中人们对人的认知、判断和评价主要是对这一世界的认知、判断和评价。

认知的实质就是区分或辨别，把事物区分为好坏、优劣、主次、喜恶等，由此建构出属于自己的或自己生活于其中的世界；在此基础上，人在趋利避害的心理倾向驱使下，就会产生需要和动机，追求并想获得自己喜欢的好、优等的东西，避开那些自己认为会危害自己的坏、劣、恶等的东西。有了追求，就有了担心获得不了或获得了又怕失去、想回避却回避不了等烦恼，追求实现，就会有成就感，感到快乐，由此形成了人的情绪和情感。同时在追求的过程中通过克服困难，解决问题，逐渐形成了意志品质和聪明才智。这样一步步地形成了每个人自己的集心，即具有自己独特的新的心理品质或心理世界。

（三）显心

显心是内在的心理世界输出而表现于外的心理或行为。由于它表现于外显露出来，因此称它为显心。它实际上是内在心理世界的投射，它表现如何，取决于人的内心世界。如果内心世界善，那么表现于外就是善行，替别人着想，帮助他人；若内心世界恶，那就容易表现出恶行。正因为表现于外，可以被他人或自己所认知，所以它就成为一个人认知、判断、评价他人或自己的依据或途径，以及不断完善和提升自己的途径和依据。前者是自省或反省，后者是仿效和学习。这也正是一个人的成长之道、成功之道。

（四）观心之心

观心之心是对自己的心理活动和行为进行反省以及对照他人的心理和行为反躬自省的心理活动。其中第一个“心”是显心，即“观”的是显心，显心是“观”的对象或内容；第二个“心”是“观”本身的心理活动。

1. 反省

观自己之心，类似于心理学中的元认知，是对人的心理活动尤其是烦恼进行“观”，通过“观”明白它们是由人的心理活动制造出来的，正如人们常说的“天下本无事，庸人徒自扰”那样。通过“观”可以明白产生心理活动和行为的原因、问题与偏差，如为什么会喜怒哀乐悲、为什么会有欲望、为什么会有烦恼、哪方面认识有问题等，由此使人明白事理，增长智慧，产生正确的认识。

反省又叫反思或反躬自省，意思就是反过来对照自己进行分析、思考、审查、检查等，即返回到自身检查或审查自己的言行得失。在中国文化中，反思是提升自我修养的必由途径或方法，儒道释对它都非常重视，把它作为人的修行所不能不采用的方法。《论语》中有：“吾日三省吾身：为人谋而不忠乎？与朋友交而不信乎？传不习乎？”[①] 专门强调反思的重要性。《礼记·乐记》说道：“好恶无节于内，知诱于外，不能反躬，天理灭

---

① 语出《论语·学而》。

矣。"[①]从反面指出不反思的危害性。宋代思想家朱熹指出："自吟以往，更愿反躬自省，以择乎二者之间察其孰缓孰急，以为先后。"[②]从自身的角度指出反思的价值或意义。惠能所创建的中国化禅宗，汲取了儒道的思想，更是重视反思的作用。禅宗认为，人们参禅修道在于修行者自己心悟，而心悟就好像人喝水一样，冷暖只有自己才知道。所以，反思对于禅宗的修行者来说非常重要。

一般人们说的反思主要是对自己的心理活动和行为及其结果的反思，这样的反思对于每个人的成长进步乃至成功来说非常重要和必要。只有通过这样的反思，人才能够不断总结经验教训，一步步克服自己的缺陷，发现并解决自身存在的问题，超越自我。不过，反思除了分析、检查或审查自己的心理活动和行为之外，还应包括把别人的行为及其结果推及自身进行反思，这就是以人思己。比如，由他人的问题推及自己的问题，既不责怪他人，又在此基础上采取措施消除自己存在的问题，使自己不断完善。再比如，看到别人的成功，去思考自己能否成功，自己做的能否像别人做的那样好，由此发现自己的问题或不足。也就是说，反思包括对自己的反思和以他人为依据进行反思。这两种反思对于我们做任何事情来说都是非常重要的。

2. 观他人之心以反躬自省

当然，观心之心的含义比元认知还要宽泛，它包括对他人的心理活动和行为进行"观"，在此基础上获得能够促进自己成长的经验教训。《易经》说"君子以多识前言往行，以蓄其德"[③]，意思是说，一个有知识有教养的人应该多了解、多领会前贤先哲的言论和行事，以培养和提高自己的

①语出戴胜《礼记·乐记》。
②语出朱熹《朱文公文集·答王晋·铺（其四）》。
③语出《易经·大畜》。

道德学问。不过，观他人之心以反躬自省，不只是“观”贤德之人的良好的心理品质和行为，还包括对不良心理特征和行为的“观”且反躬自省。不管是良好的还是不良的，成功的还是失败的，善的还是恶的，都能够从中获得对自己有价值的东西。就像孔子所说的：“见贤思齐焉，见不贤而内自省也。”[①]“择其善者而从之，其不善者而改之。”[②]第一句话的意思是，看见有德行或才干的人就要想着向他学习，看见没有德行的人，自己的内心就要反省是否有和他一样的错误。第二句的意思基本一样：选取别人好的地方加以学习采纳，看到别人身上不好的地方要反观自己，如果自己身上也有，就加以改正；如果自己身上没有，就告诫自己不要有。

3. 观心是人的成长或发展之道

观心，不管是观自己的心还是观他人的心，实际上都是一个学习并不断长进的过程。一个人的成长或发展，离不开自己的反省和对他人行为的反躬自省。通过观自己的心，就会了解自己有什么特点，有什么长处和不足或缺陷，由此扬长避短，不断提升自己的积极心理品质，抑制乃至消除自己的不足或缺陷，使自己不断进步。比如，通过观心，人们发现自己有了烦恼，就会想办法解脱烦恼，中了毒就想办法解毒，有了困难就想办法解决困难，由此就会领悟“道”，心生智慧。通过观古今中外的他人之心，从他们那里鉴得失、知兴替、明成败，学到经验教训，借以增长自己的积极心理品质和智慧。

---

①语出《论语·里仁》。

②语出《论语·述而》。

二、“心”决定人的存在状况与命运

（一）“心”决定“心”和“境”谁随谁转

人生随心，存在如境，世间万物在人的存在中所起作用都会因主体之“心”不同而不同。同一事情或事物，不同的主体会因其心不同而有不同的感受、认知与体验，从而对人的存在的作用也会不同。“态度或心态决定一切”“心态决定命运，命运决定一切”，说的都是心对人的存在的作用。人的命运究竟如何，取决于他具有什么样的心态。人能驾驭其心，恰当看待各种事物或事情，就会境随心转，为自己构建一个积极的存在空间。否则，就会心随境转，受各种事情或他人的摆布。

境随心转，是指环境、事物、他人等跟随人的思想、心态来变化，由人的“心”掌控。这样的人通常能掌握自己的命运。一般而言，掌控不了自己的人，通常是心随境转，跟着环境转，随别人的境界去转，由此常常受环境左右，被别人控制。这类人通常不会成功。而能掌控自己的人，则有较强的自我掌控能力，其心情或情绪由他们自己掌控，不受环境、他人的左右和控制。他们特别容易看到环境、事物、他人的积极面，从积极的方面去理解、解释、归因，从而有积极的情绪。这说明，是命运作弄人还是人驾驭命运，关键取决于主体的“心”。比如，对待挫折或失败就有这么一个心随境转和境随心转的问题。同样处于贫困境地，如果某人不甘于贫困，认为贫困是自己的悲哀，并由此感到自卑，每天为自己的贫困而忧愁伤心，而不是想法去改变贫困，那他一定不会感到幸福，而是感到不幸；如果某人有宿命论观念，认为贫困是自己的命，由此而安于贫困，他虽然不会感到幸福，但也不太会感到不幸福；如果某人把贫困视为对自己的磨炼或考验，就会把它转变为一种财富和不断奋进的动力，促使自己不断去改变自己，由此他就有可能在不断的拼搏中获得某种幸福或乐趣。

境随心转和心随境转，实际上说明了“心”的本体性、决定性和前在性。“心”的决定性和前在性并不是说“心”决定事物或事实的存在，而是决定人们如何看待它，进而决定它对人的影响。常言道：“眼界决定未来。”一个人眼光有多远大，其世界就有多大。人都是生活在自己的“心”构筑的世界里，眼界宽广的人所做出的成就通常会大，眼界狭小的人其作为通常会小。

（二）心理偏向

心理学研究表明，在日常生活中，人们通常存在注意偏向、记忆偏向、归因偏向、解释偏向等心理或认知倾向。

1. 注意偏向

注意偏向也叫作注意倾向，是指容易注意到与自己的情绪尤其是主导心境相一致的信息，如悲伤时容易注意到伤感的刺激，高兴时容易注意到愉快的刺激。通常，乐观者容易注意到积极信息或事情的积极一面，并把注意力保持在积极方面较长时间。而悲观者则容易注意到消极信息或事情的消极方面，他们习惯注意到不幸的结果，容易注意到不幸事情的负面。

常言道：“有得必有失，有舍才有得。”它告诉我们日常生活中的每件事都包含着正反两面。乐观的人总是注意到事情的积极一面，而悲观的人总是容易注意到事情的消极或缺陷的一面。乐观的人在面对挫折和不顺心时，往往都从积极角度想问题，看到事物的积极作用（太好了），对自己进行肯定，把自己置于快乐之中，为自己选择了好心情。相反，悲观的人在面对同样的挫折和不顺心时，往往都从消极角度想问题，看到事物的负面作用（太糟了），并且对自己进行简单否定（我不行），把自己陷在痛苦和消极暗示中，为自己选择了坏心情。如朋友背叛、恋人分手，乐观的人可能会因由此使自己认清人和学会如何认识人、如何交友而感到庆幸——“他这样最好，使我早点认清了他，否则，将来不一定会给我造成多大伤害呢”，这样他感受到的就是幸运；悲观的人则可能会感到非常痛苦，并为自己交错朋友而深深自责不能自拔，这样他感受到的就是不幸。

2. 归因偏向

归因偏向也叫归因倾向，是指人们习惯于把事情的原因归结为与自己的观念、信仰等相一致的原因。如自卑者通常会把失败的原因归结为自己笨或能力不行，进而进一步强化自己的自卑。自信者则一般不会做这样的归因，他们通常会把失败的原因归为自己马虎或轻心等。归因是指人们对他人或自己行为及其结果的原因的推论过程，即观察者对他人的行为过程或自己的行为过程及其结果所进行的因果解释和推论。在日常生活中，人们对做的任何事情及其结果，一般都会将它归结成某种原因。比如说，一个人做事情失败了，失败者和他人都会对其失败的原因进行归属。可能把它归结为一时的疏忽；也可能把它归结为不具有这方面的能力或素养；也可能把它归结为方法的不当；也可能归结为受到了他人的误导；等等。归结的原因不同，导致的行为及其结果也不同。比如，做事情栽了一个跟头，或者是被朋友陷害，那该怎样去看待呢？人们对这样的事情的看法不同，他们的感受也不同，心理体验也不同，幸福与否也相差很大。如果认为“自己怎么这么倒霉，交了这么一个人”，就会为此感到痛苦。如果他这样想：“我现在终于认清他 / 她了，我以后要多注意一下”，或者“这样的事情让我意识到，以后怎样去认识人，和什么样的人交朋友”，这样的话就不会感到痛苦。

人在归因时，通常有一种自我服务倾向。自我服务倾向是一种常见的归因偏向，又被称为自我服务偏见、自我服务偏差或自利性偏差。它是指人们在对人的行为及其结果进行归因时，常常做出有利于自己或者能够维护自己的心理平衡或自尊的归因，即对人的行为及其结果的原因做出有利于自己的判断或推论。最为明显的是，当自己与他人发生冲突或矛盾时，常常归结为别人的不是，而认为自己是对的。当自己给别人提建议或意见而别人不听，最终事情没做好时，通常会想（或说）“都怪他不听我的”，反过来，当自己给别人提建议或意见而别人不听，最终事情做好时，通常会想（或说）“这是他运气好”；当别人给自己提建议或意见而自己不听，最终事情没做好时，通常会想（或说）“这是我某某方面没注意”，反过来，当别人给自己提建议或意见而自己不听，最终事情做好时，通常会想（或说）“幸亏没有按照他说的去做”；当别人给自己提建议或意见而自己听从了，最终事情没做好时，通常会想（或说）“都是他给我出的馊主意”，反过来，当别人给自己提建议或意见而自己听从了，最终事情做好时，通常会想（或说）“这都是我自己努力的结果”或“这都是我考虑得比较周到”。总之，自我服务倾向就是人在做出归因时，错的都是别人的（事、原因等），对的都是自己的。换言之，不管是自己的错还是别人的错，是自己的失败还是别人的失败，是别人陷于困境还是自己陷入困境，是自己被骗还是别人被骗，诸如此类，原因都可以归结为他人。不管是自己正确还是别人正确，是自己成功还是别人成功，是自己做事顺利还是别人做事顺利，诸如此类，都与自己有关。这样的心理倾向对人际认知有很大影响。由于它的存在，人们常常把别人的困境归结为他自己的因素，是他咎由自取，他应该对之负责甚至是负全责。

自无服务倾向表现在对自己的行为及其结果归因上，通常把自己的挫折和失败归结为外部因素，而把自己的成功归结为内部因素。“我成功是因为我有能力”，而“我失败了不怨我自己，我已经尽力了，所谓谋事在人，成事在天。我努力了，所以我不后悔”。在这种情况下，个体的自信心、自我效能感就会比较强，以后他做事情的动力就会更足，积极性就会更高。这种自我服务倾向，是一个人保持心理健康和增强自信心的非常好的倾向。但大多数产生心理问题的人恰恰与之相反，他们往往把自己的成功也归结为碰巧，而不是归结为自己的努力，认为“我没有这种能力”或“不是我努力的结果”，如果失败了则是因为“我能力不行”。倘若如此，他就会形成自卑，这种自卑可能会表现在生活的方方面面。比如，可能因长相不如别人，就认为自己各方面都不如别人。由于自卑，不敢去追求成功，不敢去追求想追求的东西。比如，具有自卑情结的女生喜欢一个男孩，却不敢去追，认为“我配不上人家”。如此，自卑就会对其生活幸福感产生很大的影响。类似这样的归因偏差常会导致幸福感丧失，但若进行一种积极的归因，即使我们失败了，但还有下一次，“我相信我通过努力一定能够成功”，这种归因就有利于我们行动，或者说外部的压力就会变成动力。

3. 解释偏向

解释偏向也叫解释倾向，是指人们通常对刺激和事情做出与自己的情绪尤其是主导心境和知识经验、人格特征相一致的理解或解释。日常生活中，不同的人对同样一件事通常会做出不同的解释，导致成功和幸福的往往是一种积极的解释，导致失败或不幸的往往是一种消极的解释。换言之，积极的解释就导致积极的好心情，消极的解释就导致消极的坏心情。心理学家曾经做过这样一个实验：主试读一些英文单词，让被试写出来。这些英文单词读音相同，但可以写成不同的单词。如 die 与 dye、pain 与 pane 等。焦虑症和抑郁症倾向者，通常写的是消极意义的词汇，如 die、pain；而心态比较好的人通常写的是非消极词汇。这一实验说明，心态不同，在听到词的读音时解释也不一样。人们所做的“歧义评估”和“评定未来事件发生的概率”等试验结果也都表明了这一点。

日常生活中，在遇到事情时，一些人往往给予消极解释，而另一些则做出积极解释。比如，有人在路上碰到一个非常好的朋友，就主动给朋友打招呼，结果他的这个朋友却连看都没看他，从他身边匆匆走过。他对此该怎么解释呢？如果他这样解释：“他看到了我，还不理我，真是不像话，还是好朋友呢！”它会导致一种不良心情。如果他这样解释：“他最近是不是对我有什么看法？我没做什么对不起他的事呀？”这有可能就是一种更糟糕的心情。如果他这样想：“他心里是不是在想着什么重要事情，所以可能没有注意到我。”这种解释会导致一种积极的心理，并促使你去关心朋友，“他到底有什么急事？需要我帮忙吗？”

4. 记忆偏向

记忆偏向也叫记忆倾向，是指人们习惯于记住一些信息而忽略另一些信息，特别是容易保留和回忆与自己的价值观念、态度、兴趣、主导心境等相一致的信息或知识。例如，悲观的人光记住过去的不幸的体验，反复回忆，反复想起，甚至连晚上做梦都想起，平常走路没事的时候也想。我们认为：“人生最大的不幸，是生活在过去的痛苦之中。”这方面女性要比男性表现得较为突出，尤其是结婚很长时间的，总想着丈夫哪一点对自己不好，越想越生气，越生气就越想，一旦和丈夫吵架，就把过去的那些事情都抖出来，“你哪一天对我不好，哪一天对我怎么样……”正因为如此，所以他们不能够面向未来，去想一些好的事情。这是一种消极的记忆偏向。在他们的记忆库中贮存的都是消极的词汇、糟糕的事情，所以总是感到不快乐。积极的记忆偏向或倾向，则在记忆库中保留的都是美好的事情。一般而言，记住并回想高兴的事情，那你就会越想越高兴，越想越有信心，越想效率越高。比如，高考临近，很多人难免紧张失眠，如果你想一想“在这一年的复习中自己所提升的方面”和“平时考试的好成绩”，这样，就会越想越乐观，越不紧张。或者在睡不着的时候想一想：“反正今天睡不着，睡不着就不睡了！我去回顾一下过去成功的经历，想想一些难题怎么解，想想我所背的外语单词。”这样就会越想越高兴，越想越有信心。

日常生活中，许多人的痛苦是由过去的痛苦引发的，痛苦生痛苦，越来越痛。比如有人失恋了，总是回想起失恋的痛苦，而不去着眼于寻找一个更好的对象，寻找一种更适合自己的生活；再如，一些同学本来预想高考考个好成绩，结果却没有达到预期甚至比预期差得很远，所以就沉溺于这样的一种痛苦之中不能自拔。这样的话，过去的痛苦就会始终对他们的现在产生消极的影响。

（三）决定人的行为的是心理世界

上述这些心理偏向或倾向说明了人所生活的世界并不是单纯的客观世界，而是人“心”作用过的世界，是“心”与环境相互作用的结果。格式塔心理学家们称之为行为或心理场，也可称为“行为或心理世界”。考夫卡认为，行为（心理）环境并不是真正的客观环境，而是主体意想中的环境。产生并决定行为的是行为（心理）环境，而不是真正的客观环境。行为（心理）环境实质上是以自我为核心的心理（行为）场，是自我、行为环境、地理环境等进行动力交互作用的场。其中包含着必不可少的欲望、需要、意向等心理因素。如主体想办法绕过障碍物获得其后的食物，他之所以这样做，是因为他想获得食物并知道障碍物后有食物。其中“想”“知”必不可少。若不“想”只“知”，主体不会表现出行为；若不“知”只“想”，也不会表现出行为。现代心理学研究表明，决定人的行为的因素主要有愿望和信念。愿望是中心。愿望形成了人的活动目标，而信念则构成了活动或行为的动因，二者结合在一起共同决定了人的行为或活动。“没有愿望的信念不会导致任何什么，没有有关信念的愿望也不能产生行动。”在日常生活中，人的信念，即如何解释世界，即使其本身并不正确，也会对人的行为有深刻影响。它在人的愿望的作用下，会诱发人的行为或活动。对于成功来说也是如此，个体只有有强烈的成功愿望，才会把成功的信念转化为实现成功的行为，才会产生巨大的热情。在这一过程中，“心”具有根本性或决定性，正是“心”的作用，才使得环境成为人所生活的环境。在这个意义上来说，这样的环境或世界是“心”创造出来的，人只能生活在自己的“心”所创造的环境或世界之中。

“心”对于人的存在具有本体性或前在性，正是“心”的作用确定甚至决定了“我”，使“我”向某方向发展，具有有别于“你”“他”的“我”的特征或属性。可以这样说，人所存在的世界，都是人用“心”作用过以使之在一定意义上符合主体的目的和需要的世界。由于心智哲学关注人的存在，把帮助人追求更加美好的生活作为目标，而人能否有美好生活又取决于人“心”，因此，它必然将“心”置于本体性、根本性和前在性位置。

三、观心之道

通过上述分析可以发现，观心对人的成长来说十分重要和必要。那到底该如何观心呢？通过综合中国文化思想、社会实践和有关的心理学理论，可以把观心的心理历程分为如下几个阶段。

（一）觉知

觉知也可以称为认知，是指在人们有了烦恼或遭遇到挫折或失败、艰难困苦时积极主动地去对烦恼、情绪、挫折或失败和艰难困苦等进行认知。这种认知或觉知包括烦恼、情绪、挫折或失败和艰难困苦等性质、程度、自己的感受等诸方面。

就对烦恼的认知而言，主要有：自己是什么样的烦恼，有多么烦，自己感到的烦恼状况等。

就对情绪的认知而言，主要有：自己现在正处于何种情绪状态，比如是高兴还是愤怒，是悲伤还是恐惧，抑或五味杂陈；情绪的程度，比如是稍微有点怒气还是怒火冲天；自己对情绪的感受等。

就对挫折或失败的认知而言，主要有：自己正在经历什么样的挫折或失败；这一挫折或失败对自己来说重要不重要；挫折或失败的程度；自己对挫折和失败的心理感受，比如是很有挫败感还是稍微有些挫败感；挫折或失败的可否避免性等。

就对艰难困苦的认知而言，主要有：正遇到什么样的困难；困难的程度；困难是内在的还是外在的；自己感到困难能否克服等。

（二）归因

现代科学心理学所讲的归因，是指人们对他人或自己行为及其结果的原因的推论过程，即观察者对他人的行为过程或自己的行为过程及其结果所进行的因果解释和推论。在日常生活中，人们总是会把自己的行为和结果归结成一定的原因，归结的原因不同，导致的行为及其结果也不同。比如，某个学生考试没考好，他自己就会对此作出归因，如学习不够努力，掌握知识不够扎实，题目出得太偏太难，老师没把知识点讲清楚，天太热最近没休息好，等等。

这里所讲的归因，是对前面说的烦恼、情绪、挫折或失败和艰难困苦等的原因进行分析探究，找出其原因。比如，为什么会有烦恼？其原因是什么？为什么如此愤怒？为什么会遭受挫折或失败？在归因时，对原因的分析探究要尽可能全面详尽。

（三）概括化或理论化

概括化或理论化是在觉知和归因的基础上，形成指导行为或活动的理论或思想。

当产生烦恼时，要在对烦恼进行恰当认知，对其原因进行科学分析的基础上，找到消除烦恼的方法，构建有关的理论。如心理学中所概括出的ABC 理论、认知失调理论等。

当由于朋友的背叛而引发愤怒时，要把朋友的背叛价值化，构建自己内在的价值准则，用这样的价值准则指导自己的行动，告诫自己不要犯他人所犯的错误。

当遭受挫折或失败时，要对挫折或失败的经验教训进行总结，找到在将来避免遭受挫折或失败的方法，构建如何避免遭受挫折或失败的理论。这样做，就可以真正实现“吃一堑，长一智”。

当处于艰难困苦时，要总结概括出克服艰难困苦的方法，形成对艰难困苦的积极心态，构建如何恰当对待艰难困苦的思想或理论。

（四）反省

反省，也就是对照自己进行深入的思考，以提升自己的认知或智慧。

当产生烦恼时，要通过反省进一步明白该不该烦恼，以后遇到类似的事情自己还会不会烦恼。

当他人给自己带来不好的情绪时，要对照自己进行反省，想想自己有没有对他人做过类似的事。如果没有，应该为自己感到高兴；如果有，则告诫自己以后不要再做这样的事。

就挫折或失败而言，如果是自己遭遇的，那就反省自己将来在遇到这种情况时该怎么办，还会不会犯同样的错误；如果是他人遭遇的，那就反省自己遇到同样的问题会不会犯同样的错误，倘若不会犯与他人同样的错误，那自己会不会犯其他错误。

就艰难困苦而言，如果是自己遭遇的，那就通过反省使自己明白将来在遇到其他艰难困苦时该怎么做；如果是他人遭遇的，那就通过反省使自己明白，如果自己遭遇到这样的艰难困苦时应该怎么办。

（五）化人

中国文化强调自助助人，化己化人。自助是指自己帮助自己，自己调整和锻造自己的心灵。化己是指自己转化自己，自己不断战胜或超越自己。自助和化己是一个人成长的关键，任何人的成长最终都取决于自助和化己。正所谓“求人不如求己，佛不渡人人自渡”。自己的路最终还是要靠自己来走，别人无法替代。不过，这并不是说就不需要他人的帮助、教诲或引导。在日常生活中，我们都会有迷惑、迷茫的时候，这时就需要他人的引导度化。引导度化他人就是助人化人，也就是把自己悟到的智慧教给他人，使他人也能拥有智慧。比如把自己总结概括出的经验教训传授给他人，使他人掌握恰当的做事情的方法；把自己解脱烦恼的方法告诉他人，使他人也能够解脱他们的烦恼；把自己的有效的心理调适的方法教给别人，使他人也能够进行心理调适，维护心理健康。不过要谨记，助人化人的根本目的是引导他人觉悟，使他人明白事理，而不是替他做。就像教师或家长辅导学生或孩子那样，是引导孩子理解知识和方法，而不是直接把知识和方法灌输到学生或孩子的头脑中。这就类似于古希腊苏格拉底所作的产婆术比喻。苏格拉底认为，人所获得的知识是人自己头脑中本来就有的。教师就像“助产婆”，引导学生把头脑中已有的知识悟出来。与此相似，助人化人也是在发挥开悟作用，通过开悟，使他人用心发现自己内心中已有的知见或智慧，理解和明白事理。能否如此，关键取决于人自己的心。所以说，助人化人不是直接告诉人们怎么做，而是通过对机①的方式让人们自己去领悟。中国思想家老子、孔子，古希腊思想家苏格拉底、柏拉图等人都是这样做的。

助人化人实际上是要求人们承担起对他人的责任。按照中国文化思想，助人化人是觉悟者或有智慧有经验的人应当承担的一份责任。一般而言，承担对他人的责任越多越大，就越容易锻造和提升自己的智慧。因为这样的人会在积极履行自己所承担的对他人的责任中经受磨炼，也更能够有责任心、胆识等积极心理品质。比如，释迦牟尼正是有了普渡众生之心，才勇于经受各种艰难困苦以及他人的打击诽谤，最终成为大家敬仰的佛祖。中国禅宗的真正创建者惠能，在自己觉悟之后，为了使更多的人开

① 对机是禅宗的教导方式。它通常有两层意思：一是指禅师应对学人之机根而作答，二是指对手之机根。在禅宗中，“机”是指那些来向禅师参学的人的理解程度、学问水平、悟性、根性、根基等。由于每个人的“机”不同，所以禅师们要根据每一个人的“机”来对他进行开导或引导，以得到良好的教导效果。

悟，积极地弘法，最终使禅宗发扬光大。我们的许多革命先烈，正是有了救民于水火之心，才勇于担当，最终创造了非凡业绩。

责任即人对自己、社会或他人所承担的义务或应该做的事情。责任心是个体对自己和他人、家庭和集体、国家和社会所负责任的认识、情感和信念，以及与之相应的遵守规范、承担责任和履行义务的自觉态度。具有责任心的人，会认识到自己的职责在群体中的重要性，把个体目标与群体目标统一起来。自我赋予的责任越重大，越觉得自己的生命有价值，为完成自己的责任或使命，就会越珍惜生命。

纵观古今中外历史上做出巨大成就的人，他们的责任心都非常强，既能对自己的行为及其结果负责，也能积极主动承担起自己应承担的社会责任，从而使自己具有强烈的责任感、使命感。这些责任感、使命感会转变成他们不畏艰难、奋发向上、追求成功和更大成功的动力。而与之相反的是，那些人生失败者一般都缺乏责任心，他们害怕承担责任，总是逃避责任。由于责任感欠缺，他们拼搏进取的动力也往往不足乃至匮乏。

在助人化人时，应注意以下几个方面。

（1）由自己有了烦恼或痛苦想要解脱，想到他人有了烦恼或痛苦也会想要解脱，由此积极帮助他人解脱烦恼。

（2）自己觉悟了，找到了解脱烦恼的方法或途径，心理释然了，然后依据“人同此心，心同此理”进行推论，推理出自己的觉悟方式或方法对他人来说也适用，他人用这样的方法或途径也能觉悟，解脱烦恼或痛苦。这样他们就可以依据自己的觉悟经验引导他人，帮助他人觉悟。

（3）每个人有每个人的烦恼或痛苦及其原因，因此对不同的人要采取不同的方法或措施。

（4）引导人依靠自己的力量，根据自己的实际情况来觉悟。能否获得智慧，开了开不了悟，是否具有好的心态，是每个人自己的事情，别人不能代替。也就是说，助人化人者不是替代被化者做这些事，只是引导他们明白依靠自己的原因和方法，使他们真正能够挖掘自己的潜能，自我教育，自我发展，自我超越。

第二章
成功之道

第一章所探讨的“道”也包括成功之道，成功之道是“道”在人走向成功过程中的具体体现或表现。在了解了“道”的概念后，我们接下来就依据它来分析成功之道。

第一节 成功的概念

要弄清成功之道，首先必须要明白什么是成功。对于成功，不同的人有不同的说法，可谓仁者见仁，智者见智。在此，我们在对一些概念分析的基础上，提出我们对成功的看法。

一、已有的解释

何为成功，对此有许多不同的解释和界定，在这里只对一些主要的定义加以分析。

（一）《现代汉语词典》的解释

《现代汉语词典》把成功解释为“获得预期结果”。这是成功最为基本的含义，也是最为广义的含义。依据该概念，不管人做什么事情，只要获得他所预期的结果，都可以称为成功。不过，由于不同的人可能有不同的预期结果，因此，在不同人心里的成功可能会存在差异。比如经常数学挂科的学生，他们的预期目标是及格，一旦及格就达到了预期结果，这就算他们成功了。但对于那些数学一直学得好、经常考 90 分以上的学生，他们的目标通常会很高，比如满分，如果他们没能实现这一目标，那对他们来说就不算成功。如果考试成绩比以前还要低，比如考了 88 分，那他们可能就会觉得是失败。这说明，这一概念所界定的成功具有主观性，对不同的人来说，成功的含义或许不同。另外，这样来界定成功，似乎把成功看得也太过简单了。

这一概念恰当地指出了成功是个人的一种体验，一个人成不成功，取决于他的预期目标和他自己的体验。从这一意义上可以说“成功是个体自身的一种认知和体验”，这种体验如何，对人的成长和发展有很大影响，在某种意义上来说能够塑造一个人。

（二）卡耐基的成功定义

戴尔·卡耐基①认为，成功有两个方面的含义：（1）个人的价值得到社会的承认，并赋予个人相应的酬谢，如社会地位、金钱、房屋、尊重等；（2）自己承认自己的价值，从而充满自信，并获得幸福感、成就感。

卡耐基所谓成功的这两个方面是统一的。第一个方面的含义是从社会角度来讲的，其本质是获得社会的认可甚至颂扬。从这一意义上看，一个

---

① 戴尔·卡耐基是美国著名人际关学学大师，现代成人教育之父，西方现代人际关系教育的奠基人，被誉为是 20 世纪最伟大的心灵导师和成功学大师。他利用大量普通人不断努力取得成功的故事，通过演讲和著作唤起无数陷入迷惘者的斗志，激励他们取得辉煌的成功。他的著作《人性的弱点》（1936 年出版），始终被西方世界视为社交技巧的圣经之一。《纽约时报》把他评价为“除了自由女神，卡耐基精神就是美国的象征。”曾任美国总统（第 35 任）的肯尼迪对他做出这样评价：“由卡耐基开创并倡导的个人成功学，已经成为这个时代有志青年迈向成功的阶梯，通过他的传播和教导，无数人明白了积极生活的意义，并由此改变了他们的命运。卡耐基留给我们的不仅仅是几本书和一所学校，其真正价值是他把个人成功的技巧传授给了每一个向往成功的年轻人。”

人不管做了什么，做得再多，如果得不到社会的认可，那就不算成功；只有得到社会认可的个体所做的事情或成绩，才能称得上成功。这就把社会的承认作为衡量是否成功的标准或指标。第二个方面的含义主要是从个体自己的感受来讲的，它是以个体自己的标准来衡量，要求个体做好自己就好。把这两个方面整合在一起可以看出，卡耐基所定义的成功实际上是既要获得社会的认可，又要得到个体自身的认可。只有社会的认可而没有个体自己的认可，个体就不会产生成功的体验，也就不会成为激发个体向上的动力；反之，只有个体自己的认可而没有社会的认可，个体也得不到社会的尊重，其社会影响也不会有多大提高。所以说，对于成功而言，社会认可和个体自我认可二者缺一不可。但是，当今社会的一些人过分追求第一个方面，而忽略了第二个方面，这样很容易导致自我迷失，产生急功近利的想法和做法，反而更不容易使自己获得成功。事实上，任何人获得的成功，都既要自己感受到成功，又要获得社会的认可。从个体的角度讲，个人感受到的成功更为基础。这是因为，成功是一种积极的心态，是通过完成心中的目标而获得自信和成就感。在日常生活中，每个人对成功的定义都不一样，且在不同的人生阶段，随着人的学识、社会地位或身份、财富的多寡等的变化而变化，一个普通人对成功的定义肯定与任正非、马云、马化腾等对成功的定义不同。对于我们每一个人来说，能够做到“得志，泽加于民；不得志，修身见于世；穷则独善其身，达则兼善天下”[①]，就是成功。用现代的话来说就是，成功就是“得志的时候，恩泽广施百姓；不得志的时候，修身养性，立足于世；穷困的时候，努力让自己更加完美；显赫的时候，就让天下人一起走向完美”。

---

①语出《孟子·尽心上》。

（三）成功是个体所取得的功业或事业

也有把成功界定为“成就一番功业、政绩或事业”。这一定义以功业、政绩或事业等相对来说具有一定公认度的东西作为成功的指标，比起《现代汉语词典》更为具体一些。由于功业、政绩或事业都是社会认可的，所以它把成功与社会认可度结合了起来。这为我们提供了一个思路，那就是对成功的界定应当考虑社会所认可的功业，或者说社会上的人较为普遍认可的功业或事业，而不只是个体自我目标的实现。

（四）成功是实现某种价值尺度的事件

百度百科把成功定义为“达到或实现某种价值尺度的事情或事件，从而获得预期结果”。它包括物质和精神两方面，需要天时、地利、人和等诸因素的相互配合。依据该概念，个体根据自己的目标，不断地去奋斗，体现出或实现自我的价值，都可以称为成功。

对这一概念可从以下几个方面来分析理解。

第一，成功体现在物质和精神两个方面。物质方面的可以称为物质上的成功，如获得巨大财富、创造出新产品等。精神方面的可以成为精神上的成功，如创造新思想、建构理论学说等。成功既可以是物质或精神的某一方面，也可以是二者兼而有之。

第二，成功需要具备多种因素，且多种因素相互配合。比如天时、地利、人和的相互配合，赤壁之战诸葛孔明的“借东风”就是如此。

第三，成功符合社会价值尺度。这个概念中的“价值尺度”主要是指符合社会价值准则，即那些通过合法的且符合道德约束的行为达到预期目标才叫成功。否则，不合法和不符合社会道德准则的目标实现不能算成功。概言之，所有的成功都“得到了社会、历史、人民的认可”，是具有一定社会价值或社会意义的。无论是精神方面的，还是物质方面的，其社会价值是不可或缺的。在精神方面，可能是给人以精神上的鼓舞或激励，也可能是给人们提供精神食粮，也可能是培养和锻造人的精神，也可能是给予人们精神上的愉悦，等等。在物质方面，可能是创造了物质财富，也可能是发明了新产品，也可能是为人们创造出良好的物质环境，等等。依据这一概念，任何人做的事情，只要得到社会、民众的认可，具有一定的历史价值，就是成功；反之，有悖于社会发展，未能得到人民的认可，甚至遭到人民的反对，逆历史潮流的，不管做什么，做得怎么样，都不能算作成功。

（五）成功是实现人生价值目标

有人把成功界定为“在人生道路上实现人生价值目标”。这一定义把成功与人的生命意义和价值以及人生目标联系起来，把成功视为自我价值的实现过程。对该概念我们可以作如下理解。

第一,一个人要想成功，首先必须明确自己的人生价值或生命意义，把人生的价值或生命意义进行整合，确立一个理想自我。理想自我是每一个人所确立的最希望成为的那种人。成功就是实现自己的理想自我，即变成自己真正想成为的人。从这一意义上来说，成功实际上就是做好自己，把自己变成自己最喜欢最希望成为的模样。不过，理想自我并不是特定的、一成不变的，它会在人生的不同阶段发生一定的变化。

在人的发展过程中，在不同的阶段，都会确立一个理想自我。随着人的发展，已确立的理想自我会逐渐得以实现。随着理想自我的实现，个体又会提出新的理想自我。在这种情况下，理想自我成为个体发展的动力，促进个体不断地实现理想自我，进而实现自己不断的发展。当然，在实际的生活中也存在人的理想自我不能实现的情况，理想自我不能实现也会对人产生影响。这种影响可能是积极的，也可能是消极的。积极的影响主要是个体对不能实现理想自我的过程进行分析研究，已发现其中存在的问题，并解决问题。如果是理想自我过高，就依据现实对自己的理想自我进行调整，使它更为合理。如果是自己的实现途径或方法有问题，那就改变自己实现理想自我的途径或方法。不管是哪一种，都会增长个体的智慧，促进个体的发展。而消极的影响主要表现为：（1）否定自己，形成退缩、自卑甚至自暴自弃、颓废等不良的心理状况；（2）把理想自我偏执化，产生一种理想化的自我意象，形成过度的自我优越感，创造出个体认为或感到自己应该成为但实际上却无法成为的形象，如圣人、天才、救世主等，使其不能正确认识到自身的问题，阻碍其成长；（3）个体总是以“应该是什么”而不是“能成为什么样的人”来支配自己的心理活动和行为，产生不切实际的幻想。就像《天龙八部》中的慕容复那样。这种歪曲的自我意象实际上是人以否认和逃避的方式面对问题，越来越远离自己。

第二，分析现实自我与理想自我的差距，把这一差距分解成一个个由易到难、由近及远的目标。

第三，确立实现目标的途径或方法、手段。通过运用方法或手段，实现一个个目标，最终实现理想自我。

（六）成功是进步的过程及其结果

有人把成功界定为“人的进步的过程与结果”。详细来说，人实现目标的过程中所做出的努力，不良习惯的改变，良好习惯的养成，困难的克服，甚至任何一小点的进步，只要是好的进步都算是成功。

第一，这一概念把成功界定为人通过努力而取得的进步有其合理性。实际上，人取得的任何巨大成功或成就都不是一蹴而就的，都是由点滴的进步累积而成的。没有点滴的不断进步，就不可能有大的成功。

第二，该概念把成功界定为“过程”也有合理之处，避免了单纯以结果论成功的不足。事实上，任何人取得成功都是一个过程，没有这个过程，就没有成功的结果。所以，在对人的成功进行分析时，既要分析其结果，更要分析其过程。这是因为，即使结果一样，倘若过程不一样，结果的价值也不一样。这就好比人们从一个地方到另一个特定的地点，尽管都到达了这一地点，但走的路程不一样，条件不一样，价值也不一样。比如，一个身体健康的正常人从山底登上山顶，就没有一个没有双腿的残疾人从同样的山底登上山顶的价值大，在人们眼里，对后者的评价显然远远高于前者。因此，我们要想从别人的成功中获得对我们有益的启迪或经验教训，就不能脱离对其成功过程的分析。

第三，该定义恰当地指出了对于不同的人来说有不同的成功。有人主要表现在财富获取上，有人表现在科学研究上，有人表现在家庭幸福上，有人表现在对社会的价值作用上，有人表现在慈善上，有人表现在健康或战胜病痛上，等等。不同的人对成功的追求不同，对成功的体验或感受也不同。

二、对成功的心理界定

从心理学的角度看，成功主要表现在人的心理素养上，或者说，心理素养是决定人们能否成功的十分重要的条件。如果从心理素养的角度对成功加以界定，可以看出成功主要包括密切相关的两个方面：一是个体不断提升自己的成功所需要的心理素养的过程及其结果；二是不断克服或消除自己的心理不足或缺陷的过程及其结果。

（一）成功素养的培养和提升过程

一个人的成功主要取决于他是否具备成功所需要的积极心理品质，如抗挫折心理能力、积极心态、预见性、定力等，因此，一个人成功的过程实际上是培养和提升成功所需要的心理素养的过程。在这一过程中，每一次提升都可以视为成功，当这些无数的成功积淀到一定程度，就最终会获得成功的人生。这种培养和提升成功素养的过程，取决于个体自己。也就是说，培养和提升素养的程度和质量的权力掌握在个体自己手里。个体倘若能够利用生活中的机会，甚至自己创造培养或不断提升自己素养的机会的话，他就最终会成为一个成功的人。反之，就会成为人生的失败者。比如，身处贫困，是被贫困所击溃，还是在贫困中奋起拼搏，关键取决于个体如何认知和利用贫困。如果把贫困当作对自己的磨炼，积极努力去改变贫困，就会在贫困中锻炼出自己的成功品质。反之，倘若把贫困视为自己倒霉或人生之不幸，每天为自己的贫困忧愁伤心，而不是想法去改变，那么，贫困就会对他产生消极影响，形成自卑、颓废等不良的心理品质。

美国的约翰·富勒幼年之时因为家庭贫困，很小的时候就挑起了生活的重担。他的家中有 7 个兄弟姐妹，为了补贴家用，他从 5 岁就开始工作，9 岁时学会赶骡子，12 岁时开始学着经商。

约翰·富勒有着一位了不起的母亲。这位母亲经常和儿子谈到自己的梦想：“我们不应该这么穷，不要说贫穷是上帝的旨意。我们很穷，但不能怨天尤人，那是因为你爸爸从未有过改变贫穷的欲望，家中每一个人都胸无大志。”

这些话深深地根植在富勒的心中，他不想再让母亲以及自己受到贫穷的折磨。母亲的那句话，让富勒产生了奋斗的力量。经过艰苦的打拼，12年后，年轻的富勒接手了一家被拍卖的公司，并且还陆续收购了7家公司，终于成为有名的大企业家。

在他谈及成功的秘诀时，还是用多年前母亲的那句让他热血沸腾的话来回答：“我们很穷，但不能怨天尤人，那是因为爸爸从未有过改变贫穷的欲望，家中每一个人都胸无大志。”正是母亲的这句话，从小就将富勒的成功欲望点燃了，直到他取得成功。

后来，富勒在多次受邀演讲中都说道：“虽然我不能成为富人的后代，但我可以成为富人的祖先。”

社会心理学研究表明，落后是一种文化心态，许多国家和地区落后，不仅仅是其经济和科学技术落后，更是人的素质、思想观念落后。落后地区的人常有一种封闭、保守、自我满足、满足现状的心态和宿命论观念，缺乏冒险进取精神，具有力避失败而不是力求成功的动机，缺乏独立性和主动性，墨守成规，安于现状，害怕创新，缺乏自我效能感，忍受贫穷等。美国社会学家奥卡·李威斯经过研究提出了“贫困文化”的概念，认为在这种文化中，人们世代相袭的应付贫困的方式是忍受贫困，父辈教育后代的内容也是如何接受贫困而不是设法改变贫困。他对墨西哥和波多黎哥的家庭进行了研究，比较了贫困者和非贫困者的生活方式、行为规范，结果表明，贫困者有与非贫困者迥然不同的生活习俗和行为特征，具有听天由命而非思变的思想和动机，无法参与大范围的社会结构活动。

美国著名社会学家、斯坦福大学教授阿历克斯·英格尔斯依据多方面的调查研究，提出了现代人应具备的心理和行为特征：

（1）准备和乐于接受新生活经验、新思想观念和新行为方式；

（2）准备并敢于迎接社会变革和更新；

（3）思路广阔、头脑开放，尊重并愿意考虑各方面的不同意见和看法；

（4）注重现在与未来，守时惜时；

（5）有强烈的个人效能感，对自己和社会能力充满信心，办事讲求效率；

（6）计划性强；

（7）尊重知识并乐于学习；

（8）具有可依赖性和信任感；

（9）重视专门技术，有根据技术水平高低或能力大小获取报酬的心态；

（10）勇于离开传统所崇尚的职业，敢于挑战传统教育内容和智慧；

（11）与他人互相了解、尊重和自尊；

（12）了解生产及其过程；

（13）具有乐观态度、平等观念和守法意识。

只有具有这些心理和行为特征，才能在现代社会中生存和发展，在社会中找到自己的位置和平台，实现自我和社会双重价值。

由此来看，人们所具有的心理品质和行为特征，无论是对个体自己还是对社会发展、经济发展都十分重要和必要。对于个体来说，是个体在社会中实现自我价值，获得成功的基本条件。对社会和经济发展来说，是社会和经济发展的人力资源支撑。在现实社会生活中，人们对社会、自己的生活境遇的认识、感受和期待、追求，影响甚至制约他们对现实生活所采取的行为，他们所表现出的行为又直接决定着生活的改变与否和改变程度。具有宿命论思想和满足于现状的人不追求生活的改变或提高，而不满足于现状的人则会不断追求生活质量的提高。

有学者通过研究，认为人们对于社会发展演变的态度，可分为开放与保守、自我优越与自我增进几种。对社会发展演变持开放态度的人，能够容忍或接纳并适应乃至欢迎各种社会发展演变和文化变迁，并根据发展演变或变迁积极地做自我调整，从而有可能成为时代变换的弄潮儿。在当今快速发展变迁的社会中，这类人更容易有用武之地，实现自我价值。对社会发展演变持保守态度的人，固守传统，反对变化，不易接受新事物、新思想，他们在变化面前常常会感到茫然无措。这类人在当今快速发展的社会容易有比较大的压力，在社会适应中容易遭受挫折，产生挫折感。另外，随着经济的发展，尤其是我国由粗放型经济模式向集约型经济模式的转型发展，导致社会职业发生巨大变迁，从而造成人们的就业创业压力，使人们在就业创业过程中容易遭遇挫折，大学生也不例外。同时，信息社会中知识信息的快速更新，使人们产生学习压力，也容易遭受学习挫折，形成挫折感，大学生可能对此的体会更加深刻。上述所有的社会发展与变迁，都导致对人的素养要求越来越高，而素养提升跟不上社会要求的人则容易遭受挫折。这是当代大学生必然面临的问题。这就告诉我们，每一个人要想适应这个快速发展的社会，获得立足和用武之地，拥有实现自我价值和社会价值的平台，实现自我和社会的协同发展，就必须培养和不断提升自己的成功心理素养或心理品质。

持自我优越态度的人通常觉得自己非常优秀、完美，因此他们力求保持自我的现状，维护现有的自我形象，不愿对自己再做改变。他们甚至认为，如果再改变自我，不仅不会变好，还有可能变得更糟。一般来说，这类人喜欢一致性，而不太容易认同复杂多变性，对社会变化、技术进步等持否定态度。由此在社会急剧变化、发展较快的年代，他们往往难以适应，由此感到不幸福，甚至会产生心理问题。但他们容易满足，在社会变化不大的情况下更容易保持心理平衡。由于我国当今恰恰处于快速发展变化的时代，因而这类人产生社会不适应的可能性很大。这是因为，社会文化的变迁，必然要求人的文化心理和行为顺应这一变迁做相应变化，如改变以往的封闭心理，形成开放的心胸，积极接纳新思想、新知识、新技术。如果不能做出这种改变，就很难适应快速发展的社会。持自我增进态度的人则通常把注意力更多地集中在自己的不足之处，总认为自己还不完美不成熟，由此对自己的现状感到不满，总是力图不断改进和完善自我。他们一般认为自我总是在不断发展，人的一生都是处于不断完善之中，任何时候都不可能没有缺陷而不需要改进。俗语“活到老，学到老”，就是对这类人的比较恰当的写照。虽然这种不容易满足、不断追求的心态，使得他们在追求无法实现的情况下容易产生心理问题，但由于这类人追求改变，积极主动地根据社会发展和文化变迁调整自己，培养自己社会所需要的心理品质，因此他们能很好地适应社会，并在快速发展的社会中发现适合自己、能够实现自我价值的路径、机会和平台。

（二）心理不足或缺陷的克服或消除

任何人生来都不完美，都会存在这样或那样的心理缺陷。存在心理缺陷并不可怕，可怕的是个体不去积极正视并改变这样的心理缺陷。若不去正视和改变，就会阻挠人的成功，这些缺陷就会成为人在成功道路上不可逾越的鸿沟和高山。相反，倘若能够正视并积极去消除自己的心理缺陷或不足，就会不断使自己的心灵强大起来，最终走向成功。由此，我们可以把成功界定为不断克服或消除自己的心理不足或缺陷的过程及其结果。在这一过程中，每消除一个小的不足或缺陷都可以算作一次小的成功，当这些小的成功积累到一定程度，就成为整个人生的大成功。

依据精神分析大师阿德勒的理论，个体的缺陷或不足是个体成功的动力。正是因为个体有缺陷或不足，个体才会尽力去消除或克服这些缺陷，从而在克服缺陷或不足的路上一步一步取得成功。

精神分析社会文化学派的创始人和主要代表人物霍妮认为，正是个体认识到自己存在心理缺陷或不足，导致他在纷繁复杂的社会环境中生活时会感到自卑，由自卑产生不安全感，进而引发焦虑。她指出，焦虑是“一个儿童在潜伏着互相敌视的世界里所产生的那种孤立无援的情感。”焦虑涉及的并不是实际生活于其中的处境，而是个体内心所感受到的处境，该处境涉及个体对多种不安全感到完全无能为力的态度。正是这种内在不安全感，使个体以多种方式表现出自己的自卑感和不足感。一方面，这些自卑感可以表现为自怨自艾、忧心忡忡，也可以表现为把莫须有的缺陷视为当然的事实，而在上面无休止地浪费自己的心思；另一方面这些自卑感也可能被掩饰起来，而表现为一种自我夸张的补偿性需要，表现为一种出风头的顽固嗜好，表现为用各种足以在我们的文化中赢得尊敬的东西来引起他人和自己的重视①。这两种倾向中的任何一种有可能比较突出地表现出来，但在一般情况下，往往两种倾向都同时存在。不过，霍妮从人的发展和健康的角度出发，她更重视第二种倾向，她认为只有这第二种倾向才能促进人的健康发展，也是人成功的必备条件。她说道：“假如我不能漂亮，我将使自己聪明。”在她看来，在竞争的社会环境中，竞争渗透到人们的社会关系、朋友关系、两性关系和家庭关系中。竞争尤其是恶性竞争导致的消极结果是在人际关系中播下破坏性竞争、贬低、怀疑和嫉妒的种子，导致人的潜在敌意的形成，极容易损害那些自感在竞争的社会中处于不利地位的人的自信，导致他们焦虑。同时，激烈的社会竞争极容易造成

① 实质上是阿德勒的自卑与超越的理论的体现与发展。

人与人之间的分裂、嫉妒、怨恨、仇视和敌对，导致个体产生孤独感、软弱感和不安全感。孤独感、软弱感和不安全感既可以成为个体不断奋进的动力，也可能导致个体产生心理问题，甚至是严重的心理障碍。在这种情况下，要使自信受到伤害的个体健康发展，就必须引导他们由第一种心理倾向转变成第二种心理倾向。唯有如此，个体才能顺应社会生活，健康发展，并在此基础上走向成功。

精神分析社会文化学派的创始人和主要代表人物弗洛姆认为，人的存在与生俱来就具有生物学意义上的软弱性、存在的矛盾性和历史的矛盾性。生物学意义上的软弱性是人在本能上与其他动物相比，具有最大的不完善性。人的存在的矛盾性是指人类生存本性中存在的自身无法解决的矛盾，这一矛盾植根于人的存在本身，因此可称为人的存在的矛盾性。例如，个体化与孤独感的矛盾、生与死的矛盾、人的潜能实现与生命短暂之间的矛盾。其中，个体化与孤独感的矛盾是人在与自然界相和谐的同时由于人的理性又力图超越自然，使其变得越来越个体化，从而失去与自然和同类的联系，产生孤独感。人潜能的实现与生命短暂的矛盾是生命的有限性与人全部潜能释放不可磨合的矛盾。生与死的矛盾是人们追求长生不老与迟早必然走向死亡的矛盾。这些矛盾是由不利的社会环境、外部条件或者人制造的，具有后天性和社会性，即人在社会中生存时由社会发展和个人的发展造成的，而不是人的本性中固有的，不是人的存在的必然组成部分。因此，经过人的努力是可以完全消除的。尽管存在上述矛盾，尤其是先天固有的存在性矛盾，但弗洛姆并不悲观，而是持一种积极的态度。他说道："人的本质在于人的存在所固有的矛盾之中，这种矛盾促使他行动，以便解决这些矛盾。"这就是说，人们可以通过各种方式协调矛盾并对矛盾做出相应的积极反应。例如，中国的儒家思想在解决生与死的矛盾时，通过立德、立言、立功等象征性不朽来获得不朽的感觉或心理上的不朽，使自己不惧死亡。立德是价值性不朽，体现出儒家的道德至上的价值观，儒家的“舍生取义”“杀身成仁”“饿死事小，失节事大”等思想就是把某些道德价值置于生死之上来缓解乃至去除人们的死亡焦虑或恐惧；立功是建功立业，是儒家的“齐家治国平天下”思想的表达，其实质是群体性不朽和影响性不朽的这种内在的心理机制的体现；立言是著书立说，建构思想，其内在死亡焦虑管理机制是思想性不朽和作品性不朽。立德、立言、立功实际上就是儒家所认为的人在社会生活中所取得的成功。这一分析表明，弗洛姆所说的人的缺陷或不足，实际上可以成为人获取成功的动力。

上述从心理学视界对成功所做的界定的两个方面是统一的，都是一个人成功所必需的，在有些时候二者是一起进行的，即克服或消除缺陷的过程也同时是培养和提升人的积极心理素养的过程。比如，在消除自卑的过程中自信也会被培养出来。

第二节　已有的有关成功之道的思想

人能否成功，关键取决于其心理素养，在这一意义上可以说，心理素养的形成和培养、提升就是一个人成功的心道。例如，有人把成功之道概括为 ABP 定律和 PMA 定律，其中所说的都是人的心理品质尤其是心态，充分说明人的心理素养在成功中的不可或缺的作用。

一、ABP 定律①

（一）何谓 ABP

有很多人通过研究提出 ABP 成功定律。A：Always，即随时随地地；B：Be，当然也可以变成 Is 或者 Are，还可以变成 Were；P：Positive，即正面的、积极的、肯定的。合起来就是 Always Be Positive，即在任何时候、任何境遇，始终都能保持积极的心态。这一规律告诉我们，任何人要想成功，首先都应具备积极心态，尤其是乐观的心态，成也好败也罢，都能够乐观地看待，乐观面对现在，乐观对待未来，坚信未来一定会变得更好，

①这部分内容主要引自李炳全所著的《积极心理学：打开幸福与成功之门的金钥匙》。

即使现在失败，也能够用积极的心态去对待。用一句话说就是：张开双臂，面带微笑，去迎接未来和失败，用微笑面对挫折。

（二）ABP的应用与表现

古今中外许多人的实践表明，是接受命运的摆弄，还是驾驭命运，这主要取决于人自己的心态。如果以积极的心态去对待人、事、物、境等，不仅会使自己快乐，而且能够在快乐中走向成功。反之，若是以消极的心态去对待人、事、物、境等，人、事、物、境等就会对人产生消极影响，这样不仅不能使人成功，而且还极有可能使人产生心理问题甚至比较严重的心理障碍和心理疾病。比如，有些人失败了，心里总是想："我怎么这么倒霉呢！""老天怎么对我这么不公平？""我的命怎么这么苦？"被这样的消极的想法所困扰，那么他们在遭遇失败或挫折时就会产生郁闷、苦恼甚至怨恨心理。与这些消极心态的人不同，有些人在遭遇失败或挫折时，他们总会用积极的思维创造出积极的想法："不要紧，失败是成功之母。""失败没有什么，只当从头再来。"有这样积极心态的人在遭遇失败或挫折时会心情平静，积极接受，并通过对挫折或失败的分析总结增长自己的智慧。也有一些心态更为积极的人会产生更为积极的想法，他们在遇到挫折或失败时，首先想到的是："失败是一个机会，危机预示着生机。"由此他们总能乐观地去面对乃至迎接挫折或失败。这些分析表明，面对同样的情境或事件，不同的人可能会有不同的心态、想法和行为，而不同的心态、想法或行为又会导致不同的结果。

1. 积极心态能变不利为有利

当我们陷入困境时，取得什么结果，要看我们怎么去想，是抱着一种积极心态呢，还是抱着一种消极的心态。如果畏惧退缩，那么这个困境就会成为我们人生中不可逾越的障碍，阻碍我们人生的发展；如果把这当作是对自己的一种锻炼，勇敢积极主动地充分发挥自己的才智去应对，信心百倍，坚信自己一定能够应对这样的困境，则可以激发并调动一切积极的力量去改变这种状况。所以在面临困境的时候，有人会哀叹："我的命运怎么会这么苦，为什么要受到这么多磨难？"但是也有人会这么想："不经历风雨，哪得见彩虹！我可以通过这些磨难增长聪明才智，帮助我在成功的路上越走越顺。"这说明，在面临同样的困境时，抱持的心态不同，就可能会导致不同的人生轨迹。

2. 成功在于恰当看待困境

许多研究表明：成功的人，不是因为他遇到的困难少、困难小，相反，他所遇到的困难往往要比那些人生不景气的人多得多、大得多。我们经常看到成功人士光鲜的一面，却不知道他遭受磨难的一面。那么成功人士和人生失败者最大的区别是什么呢？成功人士遇到的困难越大，劲头越足，越勇敢地去接受困难的挑战。而人生失意的人，遇到困难，尤其是比较大的困难时，就会退缩，不敢也不愿去接受困难。成功人士不在乎遇到更大的困难，即使失败了，也会屡败屡战，使自己不断走向成功。在这里，人的心态是最为关键的。

3. 成功在于目标激励

心理学家曾做了这样一个实验：把志愿者分为三组，让他们分别步行到 10 千米远的村庄。第一组什么都不知道，不知道村庄的名字、具体路程等，只是向前走。这组人刚走出两三公里，就有人叫苦、抱怨："怎么还不到？这要走到什么时候？""没事走这么远干吗？"在叫苦、抱怨声中，他们越走越累，走到一半时，有人几乎都筋疲力尽了，心里愈来愈感到痛苦愤怒，有的甚至停下来坐到路边再也不愿走了。由此，他们的情绪越来越低落，最后到达目的地的人寥寥无几。第二组人知道村庄的名字和具体的路程，但路边没有里程碑，他们只能凭经验来估计自己走过的距离。当走到一半时，大家觉得有点累。这时有些人不想走了，而有些人则认为已经走了这么久，不想半途而废，在他们的鼓励下，大家继续往前。走到四分之三的路程时，很多人觉得疲惫不堪，情绪变得低落、消沉，但有人鼓励："应该快到了，大家再加把劲，胜利就在前面。"在这种鼓励下，大家才又振作起来，继续向前，多数人到了终点。第三组人知道村庄的名字和路程，路旁每隔一千米就有一块里程碑。人们边走边看里程碑，每走一千米有人就会说："已经走了一千米了！"（注意：不是"才走了一千米"）"已经走了两千米了！"（注意：不是"才走了两千米"）……"只剩两千米了！"（注意：不是"还有两千米呀"）大家在不断的相互鼓励中，情绪一直很高涨，所以很快就到达了目的地。

这个案例告诉我们，当人们的行动有了明确目标，并能把自己的行动与目标不断地加以对照，进而清楚地知道自己的行进速度和与目标之间的距离时，人们行动的动机就会得到维持和加强，就会自觉地克服一切困难，努力达到目标。

美国第32任总统罗斯福的夫人在本宁顿学院念书的时候，打算在电信业找一份工作，以补助生活。她的父亲为她引见了自己的一个好朋友——当时担任美国无线电公司董事长的萨尔洛夫将军。将军热情地接待了她，并认真地问："想做哪一份工作？"她回答说："随便吧。"将军神情严肃地对她说："没有任何一类工作叫'随便'。"片刻之后，将军目光逼人，以长辈的口吻提醒她说："成功的道路是目标铺出来的。"

这个故事告诉我们，人生如果没有目标，就如同一只无头苍蝇那样在黑暗中乱冲乱撞，根本找不到用力的方向，这样就会有力无处用，有劲无处使，将会一事无成。反之，如果有了明确的目标，就会自觉地克服一切困难，以矢志不渝的努力成就人生壮举。因此，一个人要想成功，必须确立一个恰当的目标，并把人生目标加以细化。例如细化为一个时期的目标、一个阶段的目标、一个年度的目标、一个月份的目标、一个星期的目标乃至一天的目标，等等。目标越明确、越直接，它所提供的动力就越充足、越具体，人的进步就越快，对社会也就越有益。当人们的行动有了明确的目标，并且把自己的行动与目标不断加以对照，清楚地知道自己的行进速度与目标之间的距离时，行动的动机就会得到维持和加强，人们就会自觉地克服一切困难，努力达到目标。由此可见，目标的激励作用有多大。

哈佛大学曾做过一个著名的实验。他们在一群智力与年龄都相近的青年人中进行了一次关于人生目标的调查，结果发现：3% 的人有十分清晰的人生目标，10% 的人有比较清晰的目标，60% 的人只有一些模模糊糊的目标，27% 的人根本没有目标。25 年后，哈佛大学再次对他们做了跟踪调查，结果表明：那 3% 的人全部成了社会各界的精英、行业领袖；那 10% 的人都是各专业各领域的成功人士，生活在社会的中上层，事业有成；那 60% 的人大部分生活在社会中下层，胸无大志，事业平平；那 27% 的人过得很不如意，工作不稳定，入不敷出，常常抱怨社会，怨天尤人。

常言道："伟大的目标构成伟大的心灵，伟大的目标产生伟大的动力，伟大的目标形成伟大的人物。"综观古今中外，每一个伟大的建树、每一项杰出的成就都是由那些志向高远的人创造的。不论是像爱迪生、贝尔、莱特兄弟这样的发明家，还是像马丁·路德·金、纳尔逊·曼德拉这样的社会改革家，他们都拒绝接受中庸之道，追求卓越，所以他们铸就历史，成为那 3% 的人。这告诉我们，任何人，尤其是大学生，不管现在多么贫穷或者多么笨拙，只要目标明确，并能够用积极进取的心态和更上一层楼的决心为目标而努力，那么任何东西都不是他前进的障碍。不管他所处的环境多么恶劣，也不管他面临多少艰难险阻，他总是能通过内心的力量驱动自己，脱颖而出，勇往直前，成就自我。

（三）心态决定行为，行为决定结果

美国社会学家奥卡·李威斯等人的研究表明，落后心态的人具有缺乏主动性、墨守成规、安于现状、不敢创新、缺乏自我效能感等品质，这些品质决定了人们的行动。

1. 力避失败还是力求成功

心理学家麦克利兰认为，人的成就动机影响经济的发展。他的一些研究表明，当社会上的人较为保守即成就动机差的时候，这个社会的发展就会停滞甚至倒退；相反，当社会上的人追求成功即成就动机高的时候，这个社会发展就较快。他把人的成就动机分为两种：力避失败型和力求成功型。那么，两者有什么区别呢？

举例来说，在选择任务难度上，一个是难的任务，一个是中等难度的任务，一个是容易的任务。大家想想，力避失败的人会怎么选呢？他们一般会选择两个极端：一种是容易的，一种是难的。选择前者很好理解，因为容易，成功概率大，比较有把握。那么为什么还有人选择难的呢？这是因为难的任务大家可能都做不好，即使失败了，对于行为者而言，他不会感受到失败，对于其他人而言，也不会因为其失败而讥讽、嘲笑他，而一旦侥幸成功了，还能够获得极大的成就感。与之不同，力求成功型的人一般是选择中等难度的任务，因为他们会觉得只要通过努力就能完成。在心理学上，有一种原理叫作“跳一跳能摘到果子”。树上有一种水果，如果很容易得到，不用跳就可以摘下来，那么它的心理价值肯定不大。这就是日常生活中，容易得到的东西人们往往不会太珍惜的原因。但是，如果那个水果挂得很高，即使用了吃奶的力气使劲跳也够不到，那么谁还会用力往上蹦呢？因为人通常有一种心理：不会做无用功。明知道这个事情做不了，做了也不会有什么结果，当然就不会去做了。如果水果所在的位置我们觉得使劲跳能够到，我们才会使劲地往上跳，这个时候，水果相对来说就有较大的心理价值。

2. 自我效能感

自我效能感是个体对自己能否完成某种活动或任务所做的主观推论和判断。它是个体活动动力的一个非常重要的方面。自我效能感一般包含两个方面：结果预期和效能预期。

结果预期是指对某种活动能够达到某种效果所做的主观判断或推论。打一个简单的比方，我们在大学学习，是为了将来毕业时找个好工作，那么这里就存在学习与找工作的关系。有的同学说："只要我学习好，我将来就能够找到一份好工作。"这是比较好的结果预期。也有的同学说："哎呀，学习再好也找不到一个好工作，学习结果与找工作没有关系。"这个结果预期相对来说就比较低了。同等条件下，如果你认为学习成绩好就能够找到好工作，你会不会学习更加积极呢？那是肯定的。就比如我们以前说只要努力学习就可以考上大学，所以我们会更加努力地学习。现在也是，只要我们对学习结果的判断是"如果学习好就能找到好工作"，那通常情况下你就会积极努力地学习。如果你认为学习好不好与找工作没有关系，学不好照样可以找到工作，那你可能就会把学习抛在一边，而整天沉迷于网络，打游戏聊天。

但是结果预期好，是不是就真的能努力学习呢？这不一定。是否努力学习还取决于第二个因素——效能预期。效能预期是指对自己能否完成某种活动所做的主观判断和推论。比如说会计专业或金融专业的学生，结果预期可能会比较高：只要学得好，将来一定能找到好工作。但学会计专业或金融专业的还要学高等数学，如果你认为自己没有数学细胞，学不好，那么这个时候你的效能预期就比较低。尽管会计专业和金融专业学好很重要，但是你觉得你再怎么学也学不好，再努力对成绩也没有帮助，这样就出现了心理学中所说的“学习无助感”（当然也有工作无助感），那么你还会努力学习吗？肯定不会。哪怕结果预期是100，但效能预期是0，乘起来还是0，那也不行。要想让你的行为充满动力，就需要结果预期和效能预期都得高。

比如说，我们在初高中学习的时候，可能本身并不笨，但如果你总是与一个学习成绩比自己好的人比较，就会觉得自己笨。在这种情况下，你就会产生自卑心理，使得你不能充分地发挥自己的能力，所以如果对自己的能力低估的话，会导致能力不能得以发展和充分发挥。当然，我们在很多时候也会高估自己的能力，这也是不行的，太过自信也会导致失败，因为你给自己制定的目标可能会太大。

二、PMA定律①

PMA定律被著名成功学家拿破仑·希尔称为成功的黄金定律，其中P指的是Positive，即正面的、积极的、肯定的；M指的是Mental，即精神的、心理的；A指的是Attitude，即态度。合在一起就是指积极的心理态度，即积极心态。PMA定律告诉我们：所谓成功之道，就是始终用积极的思考、乐观的精神和辉煌的经验支配和控制自己的人生。

---

①这部分内容主要引自李炳全所著的《积极心理学：打开幸福与成功之门的金钥匙》。

（一）积极的思考

对自己的人生、未来等，要进行积极思考，思考怎样使自己的人生、未来等变得更好。思考人生，思考应该做什么事情，思考怎么做事情，而不是思考自己的未来或人生变得多么糟糕。前面讲过，积极的主要意思之一是正面的、肯定性的，因此，积极的思考就是肯定性的思考、正面的思考。

（二）乐观的精神

要始终相信，事情会变得越来越好，开心地或微笑着去面对未来。既要能够积极、乐观地看待成功的一面，更要积极、乐观地看待挫折、错误或失败的一面，在遇到困境、难处时，要想到这只是暂时的，困境、难处终究会过去。相信没有克服不了的困难，没有过不了的河，方法总比困难多，一定能找到克服困难的方法。

（三）辉煌的经验

为什么成功的人能够保持一种乐观的精神呢？是因为他们总是去想自己成功的事情。有些人光想自己闹心的事情，就会越想越闹心，由闹心到忿恨，由忿恨变成怨毒，对自己或别人的仇恨越积越深。与此不同，对成功的人来说，过去不愉快的事情就让它过去，而始终想的是过去愉快的事情，如此他们的心情就会好，心情越好，就越容易把事情做好。就像夫妻之间，为什么有些夫妻老是闹矛盾，就是因为光想着一些对自己不好的事情，没有想到对方对自己好的地方，所以越看越不顺眼，越不顺眼就越想起对不起自己的那些事情，双方肯定就会由小矛盾走向大矛盾。其实，人生就像一杯清澈的水，水下面有沙子、泥土，在经营人生、爱情等过程中，需要始终使水保持清澈，而不是搅动下面的泥沙使水变浑。本来水有一点泥沙是正常的，但不要只注意泥沙而看不到清水。

多想一想以前成功的事情，除了能使自己保持乐观之外，还有以下几个积极作用。

1. 给人积极暗示，建构积极心理品质

无论做什么事情，在遇到困难时，不要老是想着过去失败的经验。如果总是想着过去失败的经验，它就会产生一种消极的暗示，越想心里越紧张，从而导致做事情失败。所以，要多想一想过去辉煌的成功经验，这样越想越开心，大脑转得越快，人的智力就越能够充分甚至超水平发挥，最终结果是把事情越做越好。

2. 受到启迪

心理学研究表明，如果做一件事情觉得困难时，那么就想一想以前做得好的同类事情是怎么做的，这样的话，就会从以前的成功经验中受到启迪，如此事情就会做得越来越好。在日常生活中，大家可能都会遇到这种情况，一件事情没做好的时候，再去做同类事情，会感到紧张。为什么呢？是因为想到以前的失败，造成了心理阴影，让人更加紧张，更加不安。这样的话，人的智力水平将会受到严重的影响。为避免这种情况出现，就要用辉煌的经验、积极的心态、乐观的精神、积极的思维，去充实人生。

第三节 找到自己的成功之道

一、成功之道是自己的独特之道

什么是成功之道？成功之道一定是适合自己的、有自己特色的，成功的人都是选择了适合自己的发展道路的人。他们总是保持自我独特性，不追求自己力所不及的事情；不为自己做不到的事情而懊悔、遗憾；不嫉妒别人取得的而自己无力取得的成就或事业；量己之力而行，保持一种平和之心；不迷失自我，能够发现自己独特的价值和生命意义以及“用武之地”，不会因为认为“别人把路都走过了而感到自己无路可走”，从而产生迷茫、焦虑、失落、颓废心理。

相反，一个人不成功的最主要原因，是不去根据自己的特点考虑自己能做什么、应做什么 、要做什么。这些人总是容易受他人或外界环境因素的影响，迷失自我。例如，在日常生活中，有些人常常喜欢与别人比较，他们只看到别人光鲜的一面而忽视自己的光彩，只看到别人的优势而忽视自己的优势，看到这个人这方面比他强，他就恨，看到那个人那方面比他强，他也恨……如此在每一方面都会发现比自己强的人，最后只能是在羡慕、嫉妒、恨中迷失自我。所以，我们能否自由地选择自己的发展道路，能否认识到自己独特的特征，做好自己的人生规划，让自己有一种独特的与他人不同的人生，是非常重要的，只有这样，你才会在不断建构或成就自己的过程中，体验到幸福或快乐。由于这样的人生是自己选择的，因此无需也没有必要感到后悔。

隔行如隔山，说的是每一个行业都有其特殊的规律。大文豪马克·吐温两次经商失败的经历，提醒立志创业的人：要选择自己熟悉的、能发挥自己才能的项目，作为事业的奋斗目标。

马克·吐温在一生中曾写下许多名篇巨著，他的作品曾使无数人甘之如饴，爱不释手。但在商品经济发达的美国社会，赚钱致富几乎成为每一个人奋斗的目标，而经商又往往被认为是发财致富的捷径。就连马克·吐温也两次搁下手头的文稿，疯一般地卷入经商活动。

遗憾的是，马克·吐温在文学创作方面是一个杰出的天才，而在商场上却是一个“十足的笨蛋”。他两次经商，两次失败，损失达 30 万美元。马克·吐温痛不欲生，甚至产生了这样的念头：了结此生，免得自己一天到晚四处躲避，像老鼠怕猫一样，害怕见到债主。

马克·吐温的妻子奥莉薇娅深知丈夫是个文学巨匠和演讲天才，经商并不是他的本行，她对马克·吐温两次经商失败，不但毫无责难之辞，而且还尽力安慰他，给予他很大的激励。妻子告诉他：“既然你不善于经商，还是放弃吧。你的特长是演讲和写作，不如还是从事你自己的特长吧。这是你的出路。”马克·吐温仔细思考后，认为妻子说得很有道理。于是放弃经商开始转向自己的专长。在妻子的帮助下，他制订了一个 4 年还债计划——巡回演讲。妻子陪着马克·吐温先是在美国各地做演讲，1895 年又跟着马克·吐温到世界各地演讲。马克·吐温以幽默的故事和生动的言辞吸引了千千万万的听众。他的才干在演讲和写作中得到真正的发挥，他很快摆脱了失败，不仅还清了全部的债务，还成为世界著名的作家和演讲家。

这个故事告诉了我们根据自己的特点来做自己的人生规划，走自己的独特之路的重要性。扬长避短，发挥优势，在现实中找准自己的天空很重要，它可以帮助你成就一番事业；否则一条道走到黑，你会碰得头破血流。就像现在有很多人都去创业、经商、做IT、搞金融等，也不考虑自己是否是这块料，结果，忙碌终日却没什么效果，并且使自己置于不幸福不快乐的境地。

日常生活经验表明，一个人获得成功和幸福的最为重要的途径是保持自己的独立性、独特性，正因为每个人都是独特的，才会有自己的独特道路、独特价值、独特的素养和对他人的独特的吸引力。这就告诉我们，在日常生活中，我们每个人都要认识到自己的独特性。不管从能力还是从价值和作用上来说，我们都有自己的独特的价值和作用，这是我们能够走向成功，充分发挥我们潜力，甚至说是自己能够更好发展的基础。所以我们首先要有一个坚定的信念，那就是“天生我材必有用”。当然我们也要有与之密切相关的另一个信念，那就是“英雄有用武之地”，即我们生逢其时。换言之，我们现在生活的这个时代，已经为我们提供了发挥自己价值和作用的舞台。我们每一个人能够对自己加以正确的认识，就可以走出一条属于自己的道路，当然也就发挥了我们自己的独特价值。反过来，倘若我们没有发现自己的独特性，就会迷失自我，不知道自己该干什么，不该干什么，失去自己的人生目标。没有认识自己的独特性的人，也容易在与他人的比较中生气、嫉妒，这样的话，不仅不会成功，而且会产生严重的心理烦恼或困扰。所以，我们必须要认识到自己的独特性，倘若非与他人相比不可，那也要积极地看待自己的情况。比如，如果别人的家庭条件比自己好，不要因此而自卑，可以这样想，他在条件那么好的家庭也没做出什么，而自己在条件比较差的家庭，做出的成绩并不比他差，况且，自己的条件没他好，那就更能显示出自己的成绩来。倘若自己的家庭条件比别人好，也不要因此看不起人，可以这样自我激励：我的条件比他好，我应该更加努力，做出比他更大的成绩才行，这样才不辜负我所具有的良好条件。

二、成功之道在于自己的发现

无数事例表明，成功之道在于自己的发现、创造。在日常生活中，人们总觉得一件事情已经被做得非常不错了，总觉得自己没有机会。而另外有些人就会想，别人虽然把这件事情做了，但可能会有什么偏差或漏洞，我要想法寻找别人做得不好的地方，然后在这个没做好的地方，把这件事情做好。久邦数码总裁张向东认为，要想成功，就要去寻找“空白”。他是做互联网的，在他刚起步时，就已经有很多做互联网的，好像没给他留下什么机会。倘若他当时认为“别人把很多东西都做了，自己没有机会了”，那他就真的没有机会了。在他看来，互联网别人做得再好，但是总还有没做到的地方，那么别人没有做的地方就是他要创业的空白所在。这就告诉我们，不要总认为自己想做的事情别人都做了，而是一定还有别人没做的地方。倘若始终有这样的一种想法，并且根据这种想法积极地去寻找“空白”，就一定能够找到属于自己的天地。

中央电视台科学频道有一个《我爱发明》的栏目。其中很多发明都是在大家司空见惯的方面发现问题。例如，山西人都喜欢吃刀削面，所以刀削面的销量非常大，但是做刀削面的人工作很辛苦。另外，天热时人容易出汗把面弄脏。同时削的力度也不一样，一开始可能削得比较有劲，到后来就越来越没力了，这样削出来的面长宽不一样，厚薄也不一样。由此就有人想能不能发明一个做刀削面的机器，后来通过研发，还真的做出来一个，一边削，一边不断调整，削出来的面又长又薄，非常好。还有一个防止小孩打开窗户的设计。许多媒体报道，大人不在家或者大人忙的时候，经常有小孩子打开窗户，从窗户上掉了下去。看到这些报道，有人就想，能不能设计一个小孩打不开而成人很容易打开的窗户。通过研究，经历多次失败，这一东西终于诞生。《我爱发明》播出了许多这样的案例，许多发明还申请了专利。

从心理学和社会学的视界看，每个人都是一个与众不同的独立存在，每个人都是独一无二的，没有人可以占有其他人的自我，心理健康的首要条件就在于接受自我的这种独特性。这告诉我们，要想成功，首先要对自己加以分析，发现自己的独特性，发现自己哪些方面与众不同，这样才既能保持一种独特性的自我存在，又能够走一条自己的发展道路，即成功之路。

33 岁那年，命运和厚德开了一个很大的玩笑。他因左膝关节疼痛去医院诊治，不幸被查出患了中期恶性骨瘤。医生说，根治的最好方案就是截肢，如果保守治疗，很难保证癌细胞不扩散。厚德痛苦地接受了截肢手术。

厚德残疾了，使原本贫困的家庭更加雪上加霜。他无法下地干农活，原来赖以生存的木工手艺也逐渐荒废，因为他行动不便，四乡八邻再也不请他上门打家具了。

怎么办？未来的路在哪？望着空荡荡的左裤管，厚德很绝望，真想跳进面前的小河里……

有一天，7 岁的女儿姗姗缠着他说想学电子琴。姗姗从小就爱唱歌，有极高的音乐天赋，邻居们都说姗姗唱歌好听，要厚德好好培养姗姗，让姗姗将来当歌星。

厚德拄着双拐去亲戚家借钱，可亲戚说，你连饭都快吃不上了，娃还学什么电子琴？他没说话，出门转身的一刹那，截肢时都没流过一滴泪的他，眼里顿时噙满了泪水。

厚德辗转反侧，一夜未眠。第二天，他留了封信给妻子，说有事出门几天，让妻子别牵挂。

原来，他想到以前在给一户人家打橱柜时，那家在县城打工的儿子回来说，城里人特别爱吃农村散养的土鸡，经常托他代买土鸡。这个信息启发了他，于是他准备去县城农贸批发市场调研。他拄着拐一家挨一家店地跑，遭到了不少冷眼，人家不相信他有能力养好土鸡。厚德并不气馁，第二天、第三天又去找他们洽谈。他的认真实诚终于打动了一位经销商，他接待了厚德，并告诉他，目前市场上的土鸡供不应求，绝对存在很大的养殖空间。末了，经销商竟主动跟他签约，说你养的土鸡品质够好的话，有多少我就要多少。

厚德信心大增，销路有了保障，吃再多的苦都不怕！他和妻子从开始的小规模养殖，再到带动全村村民共同养殖，成立了分养到户统一收购的合作社模式，逐渐扩大了养殖规模。厚德始终把土鸡的品质放在第一位，“纯放养、纯杂粮麦麸喂养”是合作社永久不变的经营理念。他每天都会拄着拐不定期不定时地到各放养区域检查土鸡的生长情况。

几年后，厚德出了名，成了附近几个县市有名的养殖土鸡大户和供货商，找他供货的经销商络绎不绝。于是他在邻村又进一步扩大了养殖规模。

厚德不仅自己富裕了，而且还带动村民一起致富。其成功背后，不知付出了比常人多多少的努力和艰辛。他用智慧、决心和毅力，征服感动了每一个人。当年的那位经销商说，他身上那种坚韧不拔的精神感动了我，他能干实事，敢拼敢闯。所以，我愿意帮助他。

有人说是厚德命好，命里一直有贵人相帮。厚德对此的回答是，这一路上，他确实遇到了很多贵人，但是最重要的贵人是自己，因为生活教会了自己：任何时候，都不能轻言放弃，更不能让别人轻看了自己。

在这则故事中，主人公厚德没有因为自己的残疾而自卑，而是依据自己的身体情况，积极寻求适合自己的事情，这样最终找到了一条适合自己的路。这个故事告诉我们，成功之路其实就是适合自己的道路，如果你还在迷茫，不知道该如何成功，那说明你还没有找到适合自己的路。这时你就要冷静下来，对自己加以分析，看看自己适合干什么，然后确定自己的目标和方向。

第四节　认识成功之心道

“心”决定人的存在状况与命运，对于成功来说更是如此。要找到一条适合自己的成功之道，就必须对自己加以认知，明白自己是谁，自己有什么特点。对自己加以认知，实际上主要就是对自己的“心”加以认识，这一过程就是“明心”。

一、成功与否主要取决于心

“心”并不完全等同于当代科学心理学中所讲的心理活动，而是比心理活动更具概括性的概念。在第一章里，我们将“心”分为识心、集心、显心、观心之心，从中可以看出，心既是认知的主体，又是认知的对象。这说明，人的“心”可分为主体之心与客体之心。主体之心实际上就是第一章所讲的观心之心，客体之心则是识心、集心、显心等各种各样的具体之心。在我们认识“我是谁”时，实际上是由我们自己的主体之心来认识我们是什么样的人的客体之心。概言之，就是自己认识自己。自己对自己的认识如何，直接制约着我们的行为，进而通过我们的行为形成一个自我，也就是我们的命运。人的成功与否，就是由这一个“心”决定的。

（一）客体之心与成功

客体之心包括识心、集心、显心。

1. 识心对成功的作用

识心是认识之心，认识是人对事物和自身的认识，即对外界事物和人自身进行认识以及由认识活动而产生的心理活动及其结果。人对事物和人自身的认识如何，直接决定着人对事物的利用和人自身作用的发挥。如果能对事物有正确的认识，就能正确地根据事物的性质和规律做事，由此做事就能成功。如果能对自己有正确的认识，就能认识到自己的独特性，确立适合自己的成功之路。

任何事物都有正反两面性，既可以从积极的一面去认识，也可以从消极的一面去认识，认识的角度不同，对人的影响或作用也不同。从正面或肯定的一面去看待，就会以一种积极的心态去对待生活中的人和事，如此就会感到快乐。如果以一种消极的心态去对待生活中的人和事，那么就会感到不愉快。比如说，别人给我们提意见，或别人提出与我们不同的看法，我们该怎么看待呢？如果认为别人是故意找茬，和我们唱反调，那么就会觉得他可恶、讨厌，甚至愤恨这个人。因此，别人的意见或与我们不同的看法，就会导致我们产生消极否定情绪。但是，如果我们认为他人提意见是真的为我们好，是为了让我们消除错误，或者让我们意识到自己的不足，那么，我们就会对他有好感。对于同样的意见或看法，以不同的心态去看待，就会产生不一样的情绪状态和对他人的不同态度。再比如，某同学比自己学习好，该怎样去看待呢？是羡慕嫉妒恨，还是向他请教学习的方法？受到别人的嘲笑，该怎样去看待呢？是愤而与人争斗，还是告诫自己要不断努力？这里面都存在积极和消极的问题。

对于挫折或失败，也可以从正面的积极的或负面的消极的角度去认识。认识角度不同，对人能否成功的影响也不同。在遇到挫折或失败时，如果一个人只是强烈聚集于自己的不幸，看到自己的缺点，而没有注意到自己的优点，以至于不能充分地利用自己的长处去弥补自己的短处，那他就会在逆境中愈陷愈深，对自己愈看愈低，甚至对自己全盘否定。相反，如果一个人能够从积极的一面去认识，比如他可以问自己："现在有什么是可珍惜和可挽回的？""我现在应该做什么？最需要做的是什么？我应该怎样去做？""我在这一事件中哪些方面做得较好，哪些方面做得不好？""这件事会给我有什么样的启示？我应该从中得到什么样的经验教训？"这样一来，就会使自己保持良好的心态，又会对自己有更清醒的认识，为他今后做出更为恰当的选择奠定基础。这就要求我们在遇到挫折或失败时，多从好处着想，而不要只盯着坏处。比如，学习成绩差是一件令我们不愉快的事情，但同样也有积极的一面，它可以让我们发现学习中存在的问题，从而通过对问题的分析解决问题，使自己得到成长。

对艰难困苦的认识也有正反两面，如果能从积极的一面去认识，艰难困苦就会成为人们磨炼自己，增长智慧的途径。正如孟子所言："天将降大任于斯人也，必先苦其心志，劳其筋骨，饿其体肤，空乏其身，行拂乱其所为，所以动心忍性，增益其所不能。人恒过，然后能改；困于心，衡于虑，而后作；征于色，发于声，而后喻。"[①] 反之，若从消极的一面去认识艰难困苦，那么它们就将会起到消极作用，导致人消沉、颓废、自卑、自弃，等等。

心理学中有一个 ABC 理论，其中，A（Antecedent）指事情的前因，即诱发性事件或刺激；B（Belief）指信念和对情境的评价与解释，即个体针对此诱发性事件产生的一些信念和对这件事的一些看法、解释；C

---

①语出《孟子·告子下》。

（Consequence）指事情的后果，即个体所产生的情绪和行为的结果。依据该理论，同样的A，不一定导致同样的C，究竟导致什么样的C，取决于B。这一理论告诉我们“认知”对结果的决定作用。比如，有些学生参加全国大学英语四级考试，考了几次都没过。有的人对此有了消极的认知，他们想：“那么多人都过了，为什么就我没过？我真笨，真没用，连个四级都考不好！”由此否定自己，认为自己不是学外语的料。也有的人则不会否定自己，屡败屡战，每次都告诫自己再努力点，争取下次通过。也有的人会这样想：“没过，反映了我的问题所在，我要去好好分析没过的原因，下次一定不要再出现同样的问题，一定考好！”

这是三种不同的认知。第一种认知是消极悲观的认知。他们通常认为，自己精心准备了这么长的时间居然没有考过，肯定是因为自己太笨了，害怕别人因为此事给予他消极的评价，嘲笑他。这样他就会戴着有色眼镜去看人，把别人的一般行为都视为对他的嘲笑。第二种认知是无所谓，他们通常认为，能考过去当然高兴，没考过去也无所谓，这次没考过，下次再来，机会多的是。第三种认知是一种积极心态，他们通常会积极地去分析问题，找出失败的症结所在，并着力去解决它。

2. 集心对成功的作用

集心是人的内在心理世界，包括人格、观念、意志品质、心态等诸方面。这一内在心理世界如何，直接决定着人的行为及其成效。如果一个人具有良好的意志品质、积极的人格特质、良好的需要和动机、较高的情商和逆商等，就具备了成功的素养，由此就会有辉煌的人生。要了解自己的内心世界是否适合成功，就需要用主体之心来认知它。

人们常说：“性格决定命运。”人本主义心理学家马斯洛指出：“心若改变，你的态度就跟着改变；态度改变，你的习惯就跟着改变；习惯改变，你的性格就跟着改变；性格改变，你的人生就跟着改变。”这里的性格、态度等都是集心。性格对命运的决定，是由于性格影响人们的选择或抉择。每一个人在其一生中，都会遇到很多岔路口，这时就需要自己做出抉择。抉择不同，会导致人走的路不一样，由此人生的结果也不同。人们在岔路口到底该如何抉择，是由其性格决定的。性格不同，人在岔路口所做出的抉择也不相同，由此造成每个人各自的命运。一个人的性格决定了他对各种事物的不同态度，最后得出不同的结果，从而产生不同的人生境遇。比如，在遇到艰难困苦时，顽强的人会不畏艰难险阻，勇于克服困难，他们就容易获得成功；相反，懦弱的人会畏惧困难，退缩不前，他们就很难取得成功。

莱昂纳多·德尔·维奇奥是Luxottica集团创始人，该公司是世界上最大的太阳镜及处方眼镜生产商和零售商，拥有全球最庞大的眼镜零售网络之一。在2014年福布斯全球富豪榜上，维奇奥名列第39位，在2015年福布斯全球富豪榜上排名第43位。这位世界知名的成功人士，他的早年生活却十分不幸。

他出生在一个有5个孩子的家庭，母亲寡居后因为无力抚养他，不得不在他7岁时将他送去孤儿院。没有亲人，孤独无助的滋味可想而知。为了生活，年纪不大他便开始在一家加工眼镜零件的工厂打工。年龄小、身体瘦弱的他很快成了工人们无聊时捉弄的对象。他们常常毫无顾忌地拿他开玩笑，还常常让他去干一些不属于他的工作。而对这一切他都逆来顺受，从来不说什么。有一次，寻开心的工人们把他的外套抢来，几个人围成一圈互相扔着玩。他跑向左边，左边的人就扔到右边；他跑到前边，前边的人就扔到后边。他越着急，这些人就越开心，跑着跑着，他的眼睛红了起来，泪水在眼眶里直打转。忽然，他停下脚步，站在原地，冷冷地看着这些捉弄他的人，努力控制不让自己的眼泪掉下来。他的举动让那些人不知所措，就在大家都以为他要发火的时候，他却转身离开继续干起活儿来。这时候，一位老师傅看不下去了，走到这些人面前训了他们一顿，把外套抢回来给他重新披在身上。他说了一声谢谢之后又继续低头干活，老师傅怕孩子会受到什么刺激，就在旁边劝他。“您放心吧，我不会在意的。我现在什么都没有了，也没有什么可以输的，还在乎别人这点捉弄吗？”老师傅没想到这孩子如此懂事，心里一酸，摸了摸他的头，叹着气离开了。在后来的日子里，那些捉弄他的人因为被教训而收敛了很多，但还是会时不时地揶揄他一下。对于这一切，他就像什么也没听见一样，只是埋头苦干把心思都放在了学习本领上。

时光荏苒，转眼之间，几年过去了。他因为在工作中的勤奋和努力，已经成为工厂里最出色的工人之一。当年那些捉弄他的人也不敢再捉弄他了，反而因为工作上经常需要他帮忙，对他格外客气和尊重。

有了多年的磨炼，二十出头的他已经对眼镜制造行业非常熟悉。不久之后，他就萌生了开一家眼镜制造铺的念头。当身边要好的朋友们得知他的想法之后，都提出了反对意见，因为大家知道对于他这样一个年纪轻轻阅历尚浅的人来说，做生意的困难和风险是非常大的。为了劝他打消这个念头，一个好朋友天天跑到住处苦口婆心地劝他：“你小时候过得那么苦，现在好不容易有了稳定的工作和不错的收入，一旦眼镜制造铺失败了，你就惨了！”他告诉朋友：“我从来就没拥有什么，我也没有什么可以输掉的，所以我能够承担任何风险和后果。”

因为觉得自己没有什么可以输的东西，所以他的心里特别放松，没有丝毫的压力和负担，反正大不了一切从头再来。很快，他的眼镜制造铺就开张了。因为心态良好、技术过硬，他的眼镜制造铺迅速接下不少生意，日子也过得越来越好。

没有压力轻松上阵的他在商场大展拳脚，小小的眼镜制造铺在他的经营下，成长为世界上最大的眼镜制造商，而他本人也成了世界级的富豪，是眼镜制造行业里响当当的风云人物。

这个故事中的主人公维奇奥之所以能够成功，与他忍辱负重、不怕输的性格特征密切相关。在被别人捉弄时，他忍辱负重，不为之愤怒、哀伤，不去与别人无谓地争执，而是把它化为动力；不为自己的苦难而唉声叹气，而是积极地工作；始终把自己置于一无所有的境地，每天从零开始，养成了他没什么可输的积极心态，轻松上阵，由此一步步走向成功。

3. 显心对成功的制约作用

显心是内在心理世界表现于外的心理或行为，它直接决定着人为人处世的结果，因此对一个人的成功具有更为直接的作用。显心得当，就有好的结果；显心不当，就会行为失效。显心既是内在心理世界的外现，同时其作用和效果又会反馈到内在心理世界，对内在心理世界产生影响甚至起到改变作用。概言之，内在心理世界与显心是双向相互作用的。

在显心中，行为习惯是非常重要的。一个人的成功，在很大程度上取决于良好习惯的养成。良好习惯的养成，对于事业的成功有着至关重要的作用。它就如同“滴水穿石”“铁杵磨针”那样，对人进行日复一日、年复一年的砥砺和磨炼，能够使人抵达成功的彼岸，攀上事业的高峰。古罗马诗人奥维德说：“没有什么比习惯的力量更强大。”“坏习惯是在不知不觉中形成的，就像溪流汇聚成河，河流入海洋一样。”习惯是一个思想与行为的真正领导者。习惯让我们减少思考的时间，简化了行动的步骤，让我们更有效率，但同时也会让我们封闭，保守，自以为是，墨守成规。一个人的习惯如何，在很大程度上决定着他能否成功。弗朗西斯·培根认为：“天性常常是隐而不露的，有时可以被压服，而很少可以完全消灭。压力之于天性，使它在压力减退之时更烈于前；但是习惯却真能变化气质，约束天性。”明确指出后天养成的习惯比之天性来说作用更大。德国思想家莱布尼兹认为，在不知不觉中形成的习惯对个性或性格影响很大。由于个性或性格决定人生成败，故可以说习惯对人生成败也有极其重要的影响。美国本土心理学创始人威廉·詹姆斯非常重视习惯的作用，要求必须从小培养孩子形成良好习惯。他指出：“教育的大事在于把我们的习惯作为基金，以后安闲自在地靠这基金的利息过活。为达到这个目的，我们必须将好多有用的动作弄成机械的、习惯的。这种动作要尽量学得多，而且学得越早越好。还必须要预防将来会不利于我们的习惯，像预防瘟疫那样认真。”“播下一个行动，收获一种习惯；播下一种习惯，收获一种性格；播下一种性格，收获一种命运。良好的行为习惯并不是天生的，完全可以通过后天来培养。习惯是一种多么顽强的力量啊！它可以主宰人的一生。因此，从小就应该建立一种好习惯，通过教育，通过陶冶，直至我们终身受益。”行为主义心理学的创始人华生认为习惯构成了人格，把人格看作是一切动作的总和，是各种习惯系统的最后产物。他指出，人格是指个体在反应方面现有的和潜在的全部资产和现有的、潜在的债务。其中资产包括两个方面：（1）已形成的各种习惯的总体，社会化了的已被调整过的各种本能，社会化了的和已被锻炼过的各种情绪，以及这些东西之间的各种组合和相互关系；（2）可塑性（形成新习惯和改变旧习惯的能量）和保持性（已建立的各种习惯恢复其作用的速度）的高度系数，也就是个人对于当前或将来外界环境适应的能力。债务是指在当前环境中不发生作用和阻止其对已改变的环境进行顺应的潜在因素。由于行为习惯可以改变，因此人格也可以改变，它的形成与改变都与行为习惯一样受环境影响。因此，人格的培养、塑造或矫正都要通过环境来实现。换言之，培养人格的基本途径是创设环境；改变人格的途径则是改变人所处的环境。

上述分析说明，习惯对于人的成败甚至人的一生都有十分重要的作用。正因为如此，任何人想要成功，就必须养成好习惯，改掉坏习惯。那怎样才能养成好习惯，改掉坏习惯呢？美国畅销书作家杰克·霍吉在其著作《习惯的力量》中指出：（1）我们每天高达 90% 的行为是出于习惯，就是说，倘若我们能看清并且改掉坏习惯，看清并且坚持好习惯，我们至少就能在人生路上得 90 分。关键在于经常的“自我评估”，譬如一句西班牙谚语所说：自知之明是自我改善的开始；譬如一句中国人都知道的话：吾日三省吾身。（2）我们不仅要集中精力，力求一次改掉一个坏习惯，而且在决定改掉某个习惯时，最好能从小处入手。（3）习惯为什么如此难以改变呢？就因为它们深深根植于我们的潜意识当中，这便是我们仅用意识几乎无法改变习惯的本质原因。（4）一定要做到自律。不论一个人做什么，也不论他多么努力，如果他不能做到掌握自己，那么，他将永远不能发挥出自己最大的潜力。所以，每个想成功的人都必须认识到这样一个重要的事实：不论他是否人为地添加不良后果，坏习惯确实会导致负面后果的发生。但是，这些自然发生的不良后果往往还不足以阻止坏习惯的继续。但倘若人们把失败看作是对自己的历练的话，那将对他们的成长很有帮助。这说明，人们需要为他们自己的习惯活动提供某种因果关系，不论是正面的，还是负面的。

（二）主体之心是人能否成功的主宰

主体之心实际上就是第一章所讲的观心之心。主体之心是人的主宰，决定着一个人究竟成为一个什么样的人。明代著名思想家王阳明指出：“身之主宰便是心，心之所发便是意，意之本体便是知，意之所在便是物。”[①] 所谓“身之主宰便是心”，是指人的身体处于心的统领之下，人的一切活动都是由心来指挥的。打个比方，心是君，身便是百官；心起，则百官从。身心一体，眼睛看首先是心要看，耳朵听首先是心要听，四肢动首先是心要动，口要说首先是心要言。“心之所发便是意”主要有两层意思：意实际发动处是心；意是心的输送管道，输送的是“理”。“意之本体便是知”中的“知”指的是良知。良知自会告诉意之方向，而不纷乱。“意之所在便是物”是说“物”是“意”的对象，是人认识之物，或者说是存在于人的意识之中或人认识到或意识到的物。这个“物”并不是置身于人的心理之外的纯客观的物质，而是人的心理作用过的物。格物就是格这个物，通过格物来明白自己如何认识事物，进而明白自己的“意”，由“意”再认识领悟自己的良知。依据王阳明的思想，心既然是身体和万物的主宰，那么，当心灵安定下来，不为外物所动时，本身所具备的巨大智慧便会显露出来。正所谓“此心虚灵不昧，众理具而万事出，心外无理，心外无事”[②]。这句话的意思是：本心不受外物障蔽，保持原始的本然状态，心灵处于安宁、虚静和专一的情状，在此状态下，才能静下来体察世间万事万物之“理”。不昧的“心”如镜子一般映出“理”，所以说“心即理也”，心与理为一体。一切都是浑然天成，不假思索的。正是有了这样的智慧，做任何事情都能做成，这就是成功。

（三）主体之心与客体之心是“观”与“被观”的关系

主体之心和客体之心相当于威廉·詹姆斯的主体自我和客体自我。主

①语出王阳明《传习录》。
②语出王阳明《传习录》。

体自我是客体自我的觉知者，是知晓一切（其中也包括自我）的那个东西，是每一时刻存在的把自己的一切对象据为己有的一种心理状态。客体自我包括所有一切个人可以称为属于我的全部东西，它在不断地变化。它是一种被知的东西，也可以叫作被知自我或被动自我。客体自我分为三个方面，即物质自我、社会自我和精神自我。自己对自己的认识如何，直接影响人的成功与否。例如，人们对自己能力的认识可能有高估，也可能有低估。对自己的能力估计过低，就会在产生自卑的同时限制自己能力或潜力的发展与发挥。如果对自己的能力估计过高，就会经常导致自我发展目标不恰当，确立的目标过高，最终导致挫折或失败。而且，对自己估计过高的人，一旦遭受到挫折和失败，往往受到的打击更大，从而可能从一个极端走向另一个极端，产生一种相反的心理，对自己的评价反而很低。这就是说，一个人想要成功，必须正确地认识自己，自己有什么优点和缺点，自己能做什么、不能做什么等。常言道："人贵有自知之明"，只有恰当地认识把握自己，才能在为人处世时充分发挥自己的优点或长处，克服或抑制自己的缺点或短处。

在威廉·詹姆斯的理论中，主体自我是认识者或观者，客体自我是认识的对象或被观者，据此类推，可以说主体之心与客体之心是"观"与"被观"或认识与被认识的关系。通过主体之心对客体之心的"观"或认识，了解自己的长处和不足，在此基础上充分发挥自己的长处，不断改进自己的不足，就可以使自己不断地通过一个个的小成功最终实现人生的大成功。

二、观心明心以认识自己是成功之道

（一）明心是用本体之心明客体之心

主体之心是人的心之本体，是人所具有的原本之心，故也可以称为“元心”。“元”通“原”，是原始、原初、原本之义。这就是说，主体之心是人的心之本原或缘起，除它之外其他的心都发源于它，是由它产生或创造出来的。它是个体所生活的世界的创造者，即个体所存在于其中的世界及人所认识到并真正对人起作用的包括人自身在内的万事万物都是由它创造的，人心中的观念、想法、思想等也都是由它创造的，因此可以说它对于人的存在具有本体论意义，它创造的东西如何，决定着人的存在的高度、深度和广度，决定着人的命运或人生走向。正因为如此，许多伟大思想家如惠能、王阳明、曾国藩等才强调认识明白它。

“明心”明的是本体之心。其中，“明”是领悟、明白、弄清楚之义，“明心”就是领悟、明白或弄清楚本体之心的实质或内涵。是人们获得智慧和觉悟的唯一途径。由于智慧和觉悟是人能够恰当认识把握自己的前提条件，而把握认识自己是走自己独特之路的前提，因此，任何人要想成功，就必须明白自己的本体之心。

本体之心是人原本的那个心，这个心并不是指人们日常生活中的感知、思维、记忆等之心，或心理学家所描绘的那种有种种感觉、认知、情感、意志之心，而是在所有这些认知、情感、意志和思维之下作为其基础的心，是产生所有这些认知、情感、意志和思维等心理活动的心，而科学心理学所讲的认知、情感、意志和思维等只不过是本体之心所生成或产生的心理活动及其结果，即识心、集心和显心，是本体之心的衍生物，它们可以作为客体之心为个体自己和他人所认识。

（二）观心明心是走自己独特之路的前提

自己对自己的识心、集心和显心的认识，实际上是观心。观心是用心观人的心理活动，实际上就是自己对自己的认识，即主体之心对客体之心的认识。所观的心是客体之心，通过观客体之心去明白自己的本体之心。这即是说，观心主要是“观”自己的心理活动、行为及其结果和他人的行为及其结果。宋代思想家陆九渊把惠能禅宗儒学化，构建了一个“心学”，其心学把“心”置于非常重要的地位。他认为，格物是修持心性而不为物牵，回复天理之知。他指出：“天之与我者，即此心也。人皆有是心，心皆有是理，心即理也。”在这段话中，陆九渊明确道出天和人具有一样的“心”，“心”就是“理”，所以观心就可以明理，包括明人理和明天理。

明代思想家王阳明认为，格物就是观心。在他看来，如何在面对善恶、成败时做出正确的选择，那就需要用格物的方法。通过格物，明晰了善恶、成败的区分，人就获得了良知。依据王阳明的观点，人若想保持内心的独立与自由，不为外物凡尘所困，就必须通过看心去体悟世界的真相。通过看心，他提出了“无善无恶心之体，有善有恶意之动。知善知恶是良知，为善去恶是格物”，并指出：“意所在之事谓之物；格者，正也。”“致吾心之良知者，致知也。”[①] 明确指出格物就是正己意，致知就是致良知。有了良知，就可以对任何事物都加以正确认识利用，这样就容易获得成功。

---

①语出王阳明《王文成公全书》。

三、“心”对成功的决定性

(一)“心”决定人的存在状况与命运

如前所述,“心”决定人的存在状况与命运,当然也决定人的成功与否。人们常说,“心决定命运,眼界决定未来与成就”。一个人眼界有多远大,其世界就有多大,人都是生活在自己的“心”构筑的世界里。眼界宽广的人所做出的成就通常会大,眼界狭小的人其作为通常会小。由于眼界是由人的“心”决定的,因此可以说,“心”决定成功。

心理学研究表明,人及其所生活于其中的世界以及世界中的各种东西都是由“心”造出来的,是“心”造或生的观念、想法等,人所生活的世界及其中万物莫不具有心性,莫不留下“心”作用的痕迹。当然,“世界由心造”,并不是说“心”造了宇宙万物,应该说是“心”造了自己所生活的宇宙,或自己心中的宇宙万物。换言之,虽然外部的客观世界及其中的一切事物显现给所有人的都一样,但由于人心不同,所以人对它们的认识、感受、体验、欲求等也就有所不同,由此在每个人心中的世界及其中万物因其心的作用而存在差异。

从存在与“心”的关系来看,尽管存在在先,在人心作用之前,但倘若没有“心”的作用,人并不知包括自己在内的世界及其中的客观事物是否存在,怎样存在,如何存在,只有在“心”作用之后,才真正知道它们的存在及其状态和过程。从这一意义上讲,“心”的作用在存在之前,存在是“心”的作用的结果,所有的存在,都是“心”作用下的存在,“心”对存在的作用如何,又反过来影响存在。这主要表现在:

(1)“心”确定了事物包括人自身是否存在。

(2)事物或事情对人的作用或影响受“心”的作用的制约。

（3）许多事物或事情虽然存在，但却因未被“心”作用而在主体心中不存在；许多事物或事情虽然不存在，但在“心”（主要是想象、幻觉等）的作用下则存在；也有一些东西由“心”创造出来而存在。

（4）有许多东西是否存在、真假谬误，只能由“心”来决定，“心”有可能把一些虚幻或虚拟的东西视为真实存在，而把一些真实存在视为虚幻。

（5）“心”会被各种虚假现象蒙蔽、欺骗或误导，也会制造一些自以为真的东西来自欺欺人。

概言之，对人而言，不存在独立于“心”之外的世界之本原，人生活在自己的“心”所造的世界之中。正因为如此，“心”创造什么样的世界，人就是什么样的存在；“心”有多大，人所生活的世界就有多大；人的存在的质量、状况等受制于其“心”。这就告诉我们修心育心对人的存在的重要性。

（二）修心是提升自己有利于成功的心理境界

修心实际上是自我培育和提升自己，其实质是人们自己认识自己，自己提升自己的心理境界。这明显是一种自控思想，人的心理和行为受自心或自性的控制，人的心理和行为的原因必须到其内心去寻找。这告诉我们，成功的因素要向自己的内心里去寻找，要想成功，就应加强自我修养，培养和提升自己的成功心理素养。

建构主义认为，人成为什么样的人，都是自己建构起来的。把自己建构成成功者，那就会成为成功者；把自己建构成失败者，那就是失败者。自我建构用一句话来说就是：“说自己行，自己就行，不行也行；说自己不行，自己就不行，行也不行。”人们若总是用积极的语言激励或暗示自己，通常会变得越来越行。反之，如果总是用消极的语言贬低自己，那就会真的慢慢变得不行。建构的过程是不断地对自己进行肯定或否定的过程，对自己进行积极的肯定，就形成一个积极的成功的自己；对自己进行消极的否定，就形成一个消极的失败的自己。

四、明晰自我，做好自己

（一）观心明己

孟子说："无为其所不为，无欲其所不欲，如此而已矣。"[①] 意思是"不干我所不干的事，不要我所不要之物，这样就行了"。这里的"所不为"有三层意思，一是自己无法做到的事情；二是自己不应该干的事情；三是自己不想做的事情。人们能做什么、不能做什么，是由自己的能力决定的；该做什么、不该做什么，是由个人的价值观、人生观决定的；想做什么、不想做什么，是由个人的需要、动机和态度决定的。这就告诉我们，要想成功，必须考虑自己的能力、价值观、动机和态度，应干什么，能干什么，要干什么。要关注自己的内心品质，做好自己就行，而不与别人攀比。

这实际上是要求对自己的心理品质进行认知，以了解自己有什么优点和不足。这一过程就是"知"。在对自己"知"的基础上，积极主动地对自己进行改造或超越，使自己的优点更加突出，自己的劣或不足得以改进。这一过程实际上就是"行"。"行"反过来又影响对自己的"知"，由

① 语出《孟子·尽心上》。

此“知”与“行”形成相互作用。依据建构主义的观点，认知与行为是相互构建的。“知”与“行”在主观能动性层面上，应该获得绝对的统一。作为客体，修心觉悟，可以转化为外在的“果”，即行为上的结果。而行为上的结果，可以同时照顾到身体的世俗欲求。由此形成了“知”与“行”的循环互动。正是这种相互作用，才促成了个体的不断演变或变化。

王阳明认为：“无善无恶是心之体，有善有恶是意之动，知善知恶是良知，为善去恶是格物。”其意是说，心之本体，本与天地万物为一体，没有善恶之分。而产生常人思想中的善恶之分的观念，只是心意念头的萌动而已。心灵本体的灵明觉知即良知，良知具有我们难以想象的认识能力和洞察能力，它本身能够分别善恶，而不为是非善恶所困囿。知了善恶，不断为善去恶，就是我们通常所说的“格物致知”了。格物是格除各种浮思闲虑的干扰，让心从偏颇失控的不正常的状态，回归到不偏不倚的中和境界，以便让人的真正的觉悟智慧能够如实地呈现出来。按照王阳明的思想，致知即是“致良知”，也就是要解放思想，发现、明悟心灵的本体，自信自决，做一个建功立业的“大写的人”。王阳明曾对弟子说：“人胸中各有个圣人，只自信不及，都自埋倒了。”就是强调一个人要破除条条框框的束缚，以高度自信的姿态屹立于世间。唯有如此，才能充分激发和发挥自己的潜能，把自己能做的事情做好，把自己的成功之路走好。

（二）尽心尽力，而不要关注结果

明白自己，就容易排除各种干扰与诱惑，做好自己能干的、该干的、想干的。中国唐代思想家、哲学家惠能指出：“心地无私自性戒，心地无痴自性慧，心地无乱自性定，不增不减自金刚。”其义是：心中根本没有私心杂念，心就不会被私心杂念扰动，就不会表现出错误的行为，这就不用“戒”，不用“戒”本身就是最彻底的“戒”。心中没有贪心、痴心、妄念、邪见等，对什么事情都能看得清，就不会被外物外境外相迷惑，不上当受骗，做出错事，这就是“慧”。“自心”不被外物外境外相等吸引，始终用自己的心指引，按照自己的心所指引的方向做事，做自己想做、能做的事情，不做自己不能做、不愿做的事情，这就是“定”。做好事情，不关注结果，不考虑结果对自己的影响，就能不受能否做好的结果的羁绊，不会产生目标恐惧或焦虑，反而使自己更容易成功。否则，一旦关注结果，就会对结果有所祈求或欲望；有祈求或欲望，就极容易产生生怕达不到目标或追求不到追求之物的畏惧或担忧，即目标恐惧。比如一些大学生参加考研，如果一心想考好或想考上理想的学校，就很容易产生怕自己考不好的担忧或恐惧，产生考试焦虑，紧张不安，吃不好睡不好。再如，一心想获得爱情，就容易产生怕得不到真正爱情的恐惧；得到爱情之后，又会产生怕失去爱情的恐惧。而有智慧的人，能够明白这个道理，知道恐惧是由自己的心生出来的，从而通过驾驭自己的心而消除恐惧，使自己无畏。比如高考，有智慧的学生不去想考好考不好，只专注于学习或复习，积极分析自己的情况，努力把没有掌握的知识加以掌握，其注意力集中在学习上，就不会产生考试焦虑。

总之，要想成功，关键是要做好自己。做好自己，实际上就是尽到自己的职责或责任。做什么事都是如此，学习、工作、生活都不例外。比如，在学习上，自己尽力去学就好，而不要去想能否学好，学好对自己有多大价值。

（三）做好自己

做好自己，走自己的路，依据这一原则，我们每个人都应根据自己的特点去走人生的每一步，不与他人比较，不和他人攀比，也不受他人的影响，而要经常与自己较劲，努力拼搏进取，不断战胜或超越自我。只要自己的今天比昨天过得好，自己的今天比昨天有长进就可以了。

综观古今中外的成功者，他们总是忙于自己的事，根本没空去与别人攀比什么，也没空与他人计较。别人过得好与差，他们觉得与自己没有什么关系，而自己过得好不好，才是自己该注重的事情。别人如何说，如何评价，哪怕是冷嘲热讽，那是别人的事，自己做好自己所认定的就行了。李连杰牵头成立的“壹基金”曾遭到许多人的质疑，他懒得辟谣解释，只是说：“他们说他们的，我自己忙还忙不过来呢，哪有时间去辩解。”

（四）摆正心态，从失败中增长智慧

人们常说“不经历风雨，哪能见彩虹”“失败是成功之母”，等等，但事实并非完全如此。对有些人来说，失败是成功的台阶，但对另一些人来说则是一蹶不振的“凶器”。其中的关键是在遭遇到“风雨”“失败”时的心态、态度、行动等。如果心态好（把它们看作锻炼成长的机会，看到积极的方面）、态度正（认为自己能行，一定能战胜困难，有面对的勇气）、行动积极（寻找机会、总结经验教训、寻找补救措施、积极发现有价值的东西），就会增长智慧，为成功打下基础。反之就容易对自己失去信心，产生恐惧，从而导致逃避、重复犯错误甚至放弃等行为。这就是说，失败到底能否成为成功之母，关键取决于个体能否有“化功”，即由消极向积极转变的功力或功夫。假如失败了就退缩、自卑、自暴自弃的话，失败永远都是失败，不可能成为成功之母。因为失败者不敢面对失败，不敢做出改变。失败了，如果不去寻找失败的原因，虽然没有被失败击倒，也没有自卑、自暴自弃，但没有总结教训，没有分析问题出现在哪，没做出改

进，以至于还犯同样的错误，遭遇同样的失败或挫折。如此，失败还是失败，怎么成为成功之母呢？失败什么时候会成为成功之母呢？就是在失败中不断总结经验教训，掌握正确的方法。失败了，跌倒了，我们既要爬起来再走，还一定要走得更好，而不能在同一地方爬起来再跌倒。

常言道："吃一堑，长一智。"在遭遇挫折或失败后，能够去分析原因，找出问题所在，有所长进，增长智慧，避免同样的错误再次发生，才能通过一个一个失败使自己最后不失败，即获得成功。这时，失败才能真正成为成功之母。通常，成功者不是没有经历失败，他们经历的失败可能比失败者经历的失败还要多，那么他们为什么能够最终成功呢？最重要的就是要寻找问题的原因。个体能否将失败、逆境转化为成功，取决于他能否在失败或逆境中增长智慧。如果能，失败就会成为他最后成功的阶梯。这就告诉我们，无论在成功的道路上遇到多少失败，遇到多大失败，都不要气馁、失落、自暴自弃，而是要勇敢地面对失败，把失败当作磨炼自己的手段或途经，不断总结经验教训，败中悟道，败中增慧，败中明心。

第三章

我的成功我做主

一个人能否成功主要取决于自己，用通俗的话讲就是“我的成功我做主”。但能否做得了主，还在于对自己的独特性能否正确认知，对自己的心灵能否正确驾驭。

第一节　个体性理论与成功

在心理学史上，许多人建构了个体性理论。这些理论普遍认为，一个人的成功取决于他的个体性发展，他能否成为一个具有独特价值的人。

一、阿德勒的个体心理学与成功

在科学心理学发展史上，阿弗雷德·阿德勒首先建构了个体心理学体系。在阿德勒看来，个体是一个与社会、他人不可分割的有机整体，一个有自己独特的目的、寻求人生意义、追求未来思想的和谐整体。个体的成功主要表现在它的独特的目的的实现，拥有自己独特的人生意义或价值。阿德勒的个体心理学对成功的意义，主要表现在以下几个方面。

（一）成功动力论

个体追求成功的动力主要来自他的自卑感和对自身优越的追求。

1. 自卑及其补偿

阿德勒认为，自卑感是任何人都具有的一种正常的感觉状态，是所有人之所以努力奋斗的源头。自卑感不仅不是弱点或异常，反而是创造的源泉，它会促使人们追求精熟、优越以及完美。特别是在幼年时期，只有在自卑感的驱动下，个体才能够持续地往更高层次迈进。他认为，为了消除自卑感，人具有了一种动力即侵犯驱力。该驱力是先天的，其作用是促使人们寻求补偿，以使自己的人格在文化与顺应中得到发展。依据阿德勒的理论，自卑感是推动每个人获取成就的主要推动力。一个人正是因为感到自卑，才会千方百计地寻求补偿，否则他就会得心理疾病，甚至失去生活勇气。阿德勒相信心理治疗和儿童教育的目的是给人提出目标定向，这种目标就是追求优越。

补偿是指发现自己有哪些不足，并积极去改变自己，发挥自己的优势。补偿可分为直接补偿和间接补偿。直接补偿是指自己在哪一方面不如别人，就争取在这一方面进行补偿。古希腊的时候有个雄辩家，小时候口吃，经常受到别人的嘲笑。为此，他每天口里含着石子，对着大海练习讲话。后来，他不但改掉了自己口吃的毛病，还成为一个雄辩家。这就是一种直接补偿，即认识到自己某方面不足，然后就积极改变它。比如说，在学习方面我们不如别人，那就要努力，争取赶超他，若语文不强，就努力学习语文；在数学方面不足，那就在数学方面多下功夫，即哪里不足就补偿哪里。如果用在失败上，就是在哪里跌倒就要在哪里爬起来。

间接补偿是指某些缺陷或不足难以通过努力而直接补偿，就通过其他方面的发展或优化来弥补这方面的缺陷或不足。例如，身材矮小的男士用智慧来补偿身高的缺陷；长相稍差的人通过努力学习，使自己知识渊博和发展自己的聪明才智而得以弥补。其实，成功的最重要的一个表现是每天能够进步。只要我们每天都有进步，每天都做出一定的积极改变，迟早有一天成功会属于我们。

兰蕙是江城大学的一名漂亮女大学生，即将面临毕业。同其他毕业季的大学生一样，每天忙着找工作，投简历，参加各种招聘会。

前不久，巨龙公司来江城大学举办招聘会，为他们的汤总招一个秘书。该公司是江城首屈一指的大公司，福利高，待遇好，进入该公司是很多人梦寐以求的。兰蕙也是如此。

可招聘结果出来后，兰蕙落选了，更让她意外的是，成功者竟然是她的同学博学。博学又矮又胖，还长了满脸的雀斑。好几个系花参加了这次的招聘会，但都落选了，反倒是长得最丑的博学应聘上了汤总的秘书。她到底跟汤总有什么关系呢?

兰蕙找了个机会请博学吃饭，席间，把这个问题抛了出来。博学笑了，说:“我跟汤总一点关系也没有。其实我能当上汤总的秘书原因很简单，因为我长得丑。”

兰蕙愣住了。博学解释道，巨龙公司的这次招聘是汤总的夫人亲力亲为，而夫人一直担心汤总原来的那个漂亮女秘书把他给迷惑住了，所以要给他换一个秘书。

说到这里，博学咯咯一笑，道:“汤总夫人因为原来的女秘书太漂亮而换人，她还会再选一个漂亮的吗?那不是前拒狼后迎虎吗?你说，汤总夫人会觉得我这个丑女待在汤总的身边放心，还是你们这些漂亮的美女待在汤总的身边放心?”

兰蕙这才恍然大悟，说到底，博学是因丑得福呀。她真是太幸运了。

大学毕业两年后，兰蕙偶然与博学重逢，问起别后的情况，才得知，博学已经升任巨龙公司的副总经理一职。兰蕙大吃一惊:博学不过是个初入职场才两年的年轻人，怎么就从一个小小的秘书升到了副总经理的位置?博学也不隐瞒，告诉了兰蕙实情:原来，日本一家大财团对巨龙公司有投资意向，但一直谈不拢。博学经多方了解，得知这家财团的总裁山本先生的一个女儿静子个子矮小，而且长得很丑，因此很自卑，甚至已经严重到了自闭。于是主动向汤总提出，由她去和山本谈判，理由是她同样长得丑，但活得阳光自信，由她出面谈判，最能打动对方的心。汤总接受了博学的提议，让她代表公司和山本谈判。果不其然，博学圆满地完成了任务，给公司带来很大的利益。因为博学的突出表现，公司于是提拔她为副总经理。

兰蕙目瞪口呆，感慨道："长得丑本来是缺陷，却一次次因丑得福，真是太幸运了。"博学笑着摇了摇头："我不否认在特定的环境下，只要运用得当，劣势可以转化成优势，但人生的成功并不仅仅是因为好运气，你只是没有看到我背后的努力罢了。就拿我与山本的这次谈判来说，不错，我是因为沾了他的女儿的光。但是，你还记得吗，在大学的时候，我除了完成本专业的学习，还选修了日语，毕业后拿了两个专业的毕业证。要不是因为能在谈判桌上用日语同山本交流自如，我又怎能营造出那一份亲情氛围，打动固执的山本先生呢？没有谁能光靠运气成功，外人所看到的好运气，不过是平日加倍的努力和付出得到的回报罢了。"

听完博学的话，兰蕙陷入了沉思……

这是一个比较典型的补偿案例，我们可以从这则故事中得到如下启示。

（1）根据自己的特点给自己确立一个目标，根据目标需要培养或增强自己的素养，为抓住机遇做好充分准备。这一故事告诉我们，在成长的过程中，尤其是在大学学习期间，要为将来机会的到来创造条件，不要到时候机会来了却没有能力把握机会。

（2）根据将来自己就业创业的需要，培养或修炼适合职业需要的素养，为将来的就业创业做好准备，以便将来能够顺利地就业创业。

（3）身体条件是客观的，难以改变，但它并非绝对的优势或劣势，关键取决于人们如何看待或利用。如果以积极的心态去对待，对之加以恰当的认识或评估，在此基础上积极主动地加以利用，那么，劣势也有可能变为优势，缺陷也有可能变为成功的条件。

（4）学会补偿，知道自己那方面不行，就不在这方面与别人比拼，而是想法提升自己，使自己具备别人不具备的优势。

2. 追求优越

阿德勒认为，追求优越是人的行为的根本动力。追求优越主要表现为：羡慕别人，胜过或超过别人，征服别人等，它是人生的主导动机。后来阿德勒扩展了其内容，把追求个人优越扩展到追求一种优越而完美的社会。由此，追求优越就表现为两个方面：追求个人优越和追求社会优越、完善。

追求个人优越是指个体不断战胜自我，超越自己。一般来说，个体都不会满足于现状，总是追求在现有的基础上发展得更好，价值更高，追求能力不断提升，财富不断增加。正是因为个体不断地追求超越自我、战胜自我，才促使其不断地进取，也正是个体的不断进取，才造成社会的不断进取，从而推进了社会的进步，即每个个体的不断进取构成了整个社会的进取。

追求社会优越主要表现在以下两个方面。

（1）追求比他人优越，即比别人更优越。通常，个体在保持自我独特性的基础上，总是在和别人比较，通过比较，追求比别人优越。比如嫉妒别人，那就想办法超越别人，这就形成一种社会竞争。若每个人都想发展自己，超过别人，这种竞争就是一种积极的竞争，是一种良性的竞争，这种社会竞争就会促进社会的发展。

（2）人作为一个社会产物，在追求自己发展的同时，也追求自己所处的社会的发展，所以个体就以自己为中心，不断追求自己所处社会的发展，比如说自己家庭的发展、自己群体的发展等。在这里，个人和社会联系起来，追求一种以自己为中心或是自己所处的群体的不断的优越。中国儒家文化的“齐家治国平天下”，在某种意义上可以说就是追求社会优越的表现。

追求优越和自卑感密切联系，是对自卑感的补偿。正是因为自卑，才力图消除自卑使自己优越起来。另外，追求优越与自卑感一样具有两重性。它既可以激励人追求更大的成就，使人的心理得到积极的成长，也会由于追求个人优越而忽视社会和他人的需要，从而产生“自尊情结”，使人变得缺乏社会兴趣，妄自尊大。对个体来说，自卑和追求优越在他／她身上到底起什么作用，是积极作用还是消极作用，关键在于他／她自己的取舍或选择。

（二）个体的独特性与生活风格

阿德勒认为，每个人在幼儿时期，就渐渐形成一种生活模式，以此为基础形成生活的主观目标。由于每个人的生活模式不同，因此其主观目标不完全相同，研究心理过程应以每个人的特殊心理经验为对象。

在阿德勒看来，由于每个人追求优越的目标不同，以及个体所处的环境条件千差万别，导致他们追求优越的方法或途径也迥然不同。这种因人而异的个人追求优越目标的方式或途径就是“生活风格”。它标识个体存在的独特方式，是作为一个统一整体的自我在社会生活中寻求表现的独特方式。

阿德勒认为，儿童从出生开始，就在他与环境的相互作用中逐渐形成自己独特的生活风格；成长到四五岁时，他自己的独特生活风格基本成型。生活风格以"原型"的方式无意识地表现出来，其内容包括人生的目标和实现目标的策略等。至于儿童形成的是什么样的生活风格，则要取决于其生活条件和家庭即社会环境。如果儿童体验到某种自卑感，那么他对这种自卑感的补偿就是他的生活风格。如果他把某人作为自己的榜样，或把某种现象作为自己的追求目标，那么他的生活风格就会在这种追求中得到发展。因为人们生存的具体环境各异，便形成了每个人各自不同的生活风格，形成了各具特色的人。

阿德勒认为，人的心理问题大都是错误的生活风格的表现。错误的生活风格是单纯一个人的利益为目标而非社会利益为目标的追求。他依据生活风格的不同将人分为如下四种。

（1）统治－支配型：这种人倾向于支配和统治别人，具有很少的社会兴趣。

（2）索取－依赖型：这种人希望从别人那里获得他想要的一切，为获取自己想要的而不择手段，甚至采取欺骗、勒索等手段。

（3）回避型：这种人通常采用回避矛盾的方法获得人生的胜利，常以碌碌无为的方式避免失败，具有较低水平的社会兴趣。

（4）社会利益型：这种人正视问题，试图以有益于社会的方式加以解决。

前三种人的生活风格是错误的，他们要么小时候受到过分的溺爱，要么遭受过不应有的忽视。由于这三种人的生活风格错误，很容易把他们的潜能引向错误的方向，因而不容易取得成就。而第四种类型的人把社会利益放在首位，具有社会责任感，勇于主动承担社会责任或使命，因而其行为有较强的驱动力，在这种社会驱动力的作用下，容易取得成就。

（三）社会兴趣

由于错误的生活风格有碍于人的成功，因此，个体要想在社会上取得成功，就需要改变自己错误的社会风格。改变错误的生活风格的方法或途径是培养人的社会兴趣。社会兴趣指个体知觉到自己是人类社会中的一份子及其处理社会事务的态度。社会兴趣是每个人都具有的一种先天需要，一种与他人友好相处、共建美好社会的需要，它包括团结协作的精神、助人为乐的品质、服务社会的意识、和谐相处的愿望等，与认同感和同理心等同。

对社会兴趣的概念，可以这样来理解。

（1）社会兴趣不是天生的能力，而是一种先天需要或潜能，它必须经过后天的培养才能获得发展，而这种发展是一种有意识的发展。

（2）社会兴趣是终生都在发展的。社会兴趣虽是遗传得来的，但它必须在社会生活中被认识才能得到发展。

（3）人的本质属性是社会性。人是社会化的存在物，人在社会中出生、成长，应关心社会、关注他人，这也表现为作为一个社会成员所具有的社会责任感。由于单个人的能力有限，所以人类必须相互合作，团结起来，同时对一个个体的理解不能脱离这个个体所处的社会关系。

社会兴趣是一个人与别人交往时产生感情和发生认同作用的一种潜能，是一种人所固有的社会性动机。社会兴趣本身可以表现为不同的形式，比如在平时或在困难时刻与别人合作或帮助别人的态度，对别人的思想、情感和经验的一种设身处地的理解能力等。依据这一观点，凡是正常的人所追求的都不单单是个人的优越，而是他所生活于其中的那个社会的优越。所以，个人的自卑感在很大程度上是由社会生活引起的，或者说是由社会的自卑情结所引起的。“属于私人的意义是完全没有意义的。意义只有在和他人交往，才有存在的可能。我们的目标和动作也是一样，它们的唯一意义，就是它们对别人的意义。”在阿德勒看来，人的快乐和成功都离不开社会，因此，忽略社会背景，将无从了解人类行为。若个体在社会中有立足之地，就会有安全感和价值。人们必须在共同活动与承担责任中找出自己独特的贡献方式，而许多问题都源自人害怕不被自己所重视的团体接受。这样，归属感不足便产生焦虑。唯有获得归属感时，人才有勇气去面对与处理所面临的问题。这样，阿德勒就把人的成功与其社会责任感联系起来，把成功视为对社会做出贡献，在社会中实现个体自己的价值。

（四）人格与成功

阿德勒认为，人是自己生活的主角与创造者，并以独特的生活方式来表达其目标。人格是个体自我创造的，即个体不断地创造出一个自己。换言之，个体能够选择出属于自己的目标，追求优越的方式、方法和途径，来形成一个独特的自我，所以叫作创造性自我。它能让个体成为自己生活的主人，它决定着个体对优秀目标的选取以及达到目标的方法。正因为人自己选择了他的目标，也选择了属于自己的即具有自我独特性的追求优越的方式、方法和途径，因而也就有了自己的为人处世的方法或方式，即不同的社会兴趣。创造性自我并不是静态的，而是不断地追求的过程，即人在不断地创造自我，不断地追求优越。它们两个互为因果。人在不断追求的过程中，不断地创造出一个一个新的自我，而新的自我的创造，就是一个个追求优越的体现。人创造自我的过程，是与环境互动的过程。人与环境中的任何互动，都会反映在他的人格中；人对障碍的反应，也构成了其人格。由此，人格以人生目标为中心而统一起来，个体的思想、感觉、信念、态度、性格与行动都是其独特性的表达方式，都融入到人生计划中，使人朝向自己选定的人生目标迈进。由此来看，阿德勒是把人的成功视为追求优越的过程。由于每个人的自卑有差异，即人的自卑具有个别差异性，每个人追求优越的过程也都是独特的，因此就形成了个人的独特的人格，也形成了个体独特的走向成功之路。

阿德勒的这种人格整体观不仅指出人格各部分的统一，而且强调与社会的统一。他认为，个体是社会系统的一部分，除了内在的心理动力外，更应重视个体的人际关系。在他看来，人格是个体为了尝试去适应他所居住的环境而显现出的特殊风格，是个体在获取认同及意义时，所使用的工具和计策，其实质是生活“技巧”。它并非遗传，它好比是一种生存模式，使人能够不经过有意识的思考而活，并在任何情况下表现其人格。这样，阿德勒通过把人格与社会联系起来，而把个体独特的成功之路置于整个社会发展的背景之下。

二、埃里克森的个体性理论与人的成功

精神分析的自我心理学派的代表人物埃里克森非常重视个体性，把个体性作为人的自我同一性的首要特征。埃里克森认为，自我同一性是具有建设性机能的健康自我所具有的一种复杂的内部状态，是“个体尝试着把与自己有关的各方面结合起来，形成一个协调一致的不同于他人的独具‘统一风格’的自我”，即“个体在寻求自我的发展中，对自我的确认和对有关自我发展的一些重大问题，诸如理想、职业、价值观、人生观等的思考和选择”。它包含个体性、整体性和整合感、一致性和连续性、社会团结感等四个方面。其中，个体性是一种意识到的独特感，个体以一种不同

的、独立的实体而存在，是任何健康的自我都必然具有的特征。个体性缺失就会导致个体的自我同一性混乱，使个体很难发现并认识自己，不知道自己是谁，不知道想做什么，没有明确的发展方向。因此，他们通常缺乏兴趣，对未来不抱希望，生命意义匮乏，并由此感到孤独、无聊，有时可能很叛逆，易出现反社会行为。这样的人不仅不会成功，而且还容易出现病态人格。由此可以看出，个体性即自我独特性对于个体存在的重要性。

依据埃里克森的个体性理论，由于每一个健康的人都将具有个体性，因此他们的成长发展道路也是独特的，其成功之路当然也毫不例外是独特的。所以，任何人想要成功，都必须走出一条属于自己的独特道路。

三、罗洛•梅的个体性理论与成功

罗洛•梅是“美国存在心理学之父”，人本主义的杰出代表之一，他提出了独特的个体性理论。

他认为，个体性是健康人格的基本特征和构成要素。个体性是自我区别于他人的独特性，它是自我的前提。每一个自由的个体都是独立自主、与众不同的；人格障碍的主要原因之一就是无法实现个体化，丧失了自我的独特性，无法把自己与他人区别开来，从群体或社会分离出来。健康的个体都具有自我核心，自我核心是指个体以其独特的自我为核心。详细来说就是，每个人都是一个与众不同的独立存在，每个人都是独一无二的，没有人可以占有其他人的自我，心理健康的首要条件就在于接受自我的这种独特性。神经症并非对环境的适应不良，其实质是一种逃避，是人为了保持自己的独特性，企图逃避实际的或幻想的外在环境的威胁，其目的依然在于保持自我核心性。所以，人的存在，最重要的一点就是发现自己哪些方面与众不同，发现它们，既能保持一种独特性的自我存在，还能够走一条属于自己的发展道路，即成功之路。这就告诉我们，要想成功，首先要对自己加以分析，发现自己的独特性。

正因为如此，任何一个人想要成功，就首先必须具有自我独特性，并对自我独特性给予肯定。自我肯定是指人保持自我核心的勇气。通常，人的自我核心不会自然发展和成长，它必须经由不断的自我鼓励、督促，才能趋于成熟。这种督促和鼓励就是自我肯定。它是一种生存的勇气，缺失它，人就无法确立自我，更不能实现自我。这告诉我们，首先是有勇气肯定自我存在，其次是能够保持自己的独特性，不要去迎合别人。自我肯定包括生理、道德、社会、创造等各个方面。生理勇气来自与生理有关的体格的力量，包括对自己的长相、体质等的肯定，要悦纳自己，不能因自己的身体或生理状况而自卑。例如不要因为自己的长相不好而自卑，不要因为自己个子低而自卑，不要因为自己的身体缺陷而自卑，我们要敢于去认知我们的问题，肯定自己的优势。道德勇气是与人类的同情心、正义感密切联系的勇气，要对自己的道德品质和善良倾向给予肯定和鼓励，肯定自己能够完善自己的道德，能够具有善心，不断鼓励自己去做善事。社会勇气是表现在人际关系交往上的勇气，要敢于与人交往，鼓励自己积极主动与他人建立良好的关系，相信自己有建立良好人际关系的能力，不要有社交自卑感乃至恐惧症。应能在保持自己的独特性的同时，主动地与别人交往。其实，人的差异性或独特性是彼此合作的基础，假如甲会的乙也会，甲不会的乙也不会，那他们两个能合作吗？当然不能。倘若甲会的乙不会，乙会的甲不会，两个人相互补充，就能形成一个有效的合作关系。所以合作最重要的一个条件是差异性，而不是共性。这说明，正是由于具有独特性或差异性，个体才会对他人、对社会有价值。所以，在人际交往中，不要片面地去迎合别人而牺牲自我的独特性。创造勇气是指创造行为，能发展出一种新模式、新象征的勇气，是最难实行的勇气。要鼓励自己不断地突破或创新，勇于发现或接受新思想、新观念、新方法、新技术等，敢于提出与别人或传统、习惯不同的看法，积极主动地寻求改变。

依据罗洛·梅的个体性理论，每一个人都是独特的个体，他的成功之路也应当是独特的。一个人只有保持并发展自己的独特性，才能真正走向成功。一个人能否成功，全在于自己，取决于他自己能否做出恰当的选择。

第二节 做好自己

每一个个体都是独特的，因此，每一个人的成功之道都是走自己的独特之路。那么，怎样才能走出自己的独特之路呢？其答案就是做好自己。要做好自己，需要做好以下几个方面。

一、自我认知、悦纳与调整

（一）自我认知

自我认知是对自己的认识、判断、评价，包括自我感觉、自我观察、自我概念、自我评价。其中，自我感觉是指实实在在地感觉到自己肢体的存在及健康状况；自我观察是指对自己的感知、思维和意向等方面的觉察；自我概念是指通过观察自己的一言一行，分析和评价自己言行的对与错，最后形成一个“我是什么样的一个人”的概念；自我评价是指对自己的想法、期望、行为及人格特征的判断与评估，这是自我调节的重要条件。

自我认知包括对物质的我、社会的我和精神的我的认知。物质的我是指个体的所有物，比如衣物、家庭等。其中，身体是核心，由内向外依次是衣物、嫡亲、家等可以为我占有和使用的各种资产。这说明，个体的穿戴、用品、房间装修和布置等诸方面都能体现出自己的个性或风格。对物质的我的认知就是对自己的穿戴、用品、房间装修和布置等所体现出的个性品质和风格的认知。通过对物质的我的认知，可以发现自我存在的不利与成功的问题，然后通过解决这些问题获得进步。

社会的我主要是指一个人在群体或社会中的地位或他的交往圈子。在一个人的生活中，他的交往圈子尤其是朋友圈非常重要。人们经常会说，要知道一个人怎么样，看他的朋友就行了。如果他交的朋友都非善类，那这个人肯定好不到哪里去；如果他交的朋友都是非常好的人，那么他肯定也坏不到哪里去。常言道："物以类聚，人以群分"，能聚在一起成为朋友的人基本上是志同道合或臭味相投的人。一个人的成败，与其交的朋友很有关系。曾国藩所说的"一生成败，皆关乎朋友之贤否，不可不慎也"，告诉我们交朋友要谨慎。俗语"近朱者赤，近墨者黑"，就是告诉我们人与人之间可以相互感染。孔子也说过："与善人居，如入芝兰之室，久而不闻其香，即与之化矣；与不善人居，如入鲍鱼之肆，久而不闻其臭，亦与之化矣。"① 意思是说，与品行高尚的人在一起交往，就像沐浴在种植芝兰散满香气的屋子里一样，时间长了便闻不到香味，但本身已经充满香气了；与品行低劣的人在一起，就像到了卖咸鱼的地方，时间长了便闻不到臭味，因为其本身已融入环境内了。这些都充分说明了交友的重要性。交到好的朋友，相互之间会产生积极影响，在情感上可以相互慰藉，在事业上可以互相砥砺，互相激发，共赴患难，成为事业的基石。选择能让自己上进的朋友，就是选择一种积极向上的人生，而交到不良朋友，相互之间就会产生消极影响。交到什么样的朋友，就会收获一个怎样的人生。这说

① 语出王肃《孔子家语·六本》。

明，对社会的我的认知非常重要。如果认知得当，就会对自己要交往的对象进行积极筛选，从而为自己的成功奠定人脉基础。

精神的我是个体主观性的和内在的存在，包括个体的认知辨别能力、道德心与良心、意志品质、人格特征等内在心理品质。对精神的我的认知，可以使人明白自己的内在心理品质有哪些优点，哪些不足，从而更好地确定自己的成功之路。所以说，对精神的我的认知非常重要，一个人若不能够恰当地认识自己的精神的我，不知道自己能做什么，不能做什么，该做什么，不该做什么，就会迷失方向，不能给自己恰当定位。如果低估自己，就会自卑，消极退缩，缺乏信心和自尊，自己看不起自己，甚至自暴自弃；如果高估自己，则会狂妄自大，盲目乐观，不能理智地分析情况，导致失败或挫折。无论是低估还是高估自己，都会导致不恰当的交往行为。

常言道“知己知彼”，知己在前，知彼在后。如果一个人连他自己都不了解，还指望能了解他人吗？所以，每个人要想成功，必须了解自己，跟自己相处好，而不只是看到别人的优点而忽视自己的优点。看不到自己优点的人，会常常给予自己消极的暗示，使自己越来越差，越来越不喜欢自己；悦纳自己的人，则会给自己以积极的暗示，使自己越来越强。这告诉我们，在日常生活中，如果发现自己经常遇到磕磕绊绊，似乎事事不顺心、处处不如意、时时碰障碍，那一定是自己出了问题。这时，不妨冷静下来认真审视或反省自己和自己的关系。换言之，在日常生活中人们做事情能否成功，其一切言行都要先过“自己”这一关。自己认可的，才说得出来；自己认同的，才做得出来。所有接触的对象，也由自己来决定。人，最先也最多接触的是自己，而不是他人。因此，自己先要处理好与自己的关系，这是所有人走向成功的基石或出发点。查尔斯·哈尼尔的“吸引力法则”告诉我们，具有金钱意识的人经常吸引金钱，而具有贫穷意识的人总是引来贫穷。个体的思想、语言和行为，会为他所意识到的事物打开通道，使他成为他强烈意识到的人。也就是说，一个人在心里怎么想，他就会成为他想的样子。所以，当一个人不顺时，一定要认真去反省自己的心理缺陷。

不过，在对自己的缺陷进行反省时，应注意以下几个方面：不要因此而自卑；要限制缺陷的发展；合理利用，寻找适合自己的事情；积极改善，学会补偿，尽可能使缺点变成优点。当然，在对自己的优点进行认识时也要注意，自己的优势可使自己自信，但要避免以自我为中心，自以为是，不接受别人意见，狂妄自大，甚至自恋。

在日常生活中，总是有些人认不清自己，要么自卑，要么好高骛远，以至于在生活中经常遇到不称心如意的事，遭遇挫折或失败。

大学毕业工作不到两年的丁力行失业了，他原来的那家公司因经营不善倒闭，为此他只得另谋职业。可是，半年时间过去了，却一直没有找到新工作。为此，丁力行非常苦恼，总觉得自己怀才不遇，招聘人员不识人才。

这一天，又白白奔波了一天的丁力行失望地回到家，疲惫不堪地倒在沙发上。父亲走到他身边关切地问："跑了这么长时间，也没遇到一家合适的公司？"

丁力行苦着脸对父亲说："当然有，可是他们给的工资太低，月薪只有两千元左右，我没法接受。"

听到丁力行的回答，父亲笑了笑，有事先干着就行啊，慢慢再从长计议。

丁力行不同意父亲的意见，他态度坚决地说："那可不行，我原来的那家公司月薪五千多元，我能力又不差，再找工作怎么着也不能低于这个标准。”

听了丁力行的话，父亲拍拍他的肩膀说：“要不你明天和我一起去卖菜吧，反正你也暂时没事，明天就帮我一把吧。”

清晨的集市人还不是很多，但各家卖菜的已将各自的菜摊摆开。丁力行和父亲卖的是刚刚采摘的青菜，鲜嫩碧绿，煞是诱人。他们刚刚把菜摊摆开，就有一个顾客停在他们摊前问：“这么新鲜的青菜，怎么卖呢？”

“一块二。”父亲不假思索地回答。

“一块二？”顾客皱皱眉，“别人都是一块，你为啥比别人高两毛呢？”

父亲笑了笑，对顾客说，我家的青菜是市场中最好、最鲜嫩的，当然要比别人的贵些。这名顾客撇撇嘴，头也不回地走了。

随后又有几个顾客过来询问菜价，但是听了报价后，这些顾客就都扭头走了。看到自家的菜卖不出去，丁力行心里不免犯嘀咕，这么好的青菜，咋就卖不出去呢？他对父亲说：“要不咱也低点卖吧，高了卖不了可就难办了。”

父亲满脸自信：“放心吧，咱家青菜这么好，不愁没人要的。”

正说着，又有顾客来到摊前问价。丁力行看看父亲，父亲依然不改口，“一块二。”这个顾客对父亲说：“这么好的青菜着实招人喜欢，但就是价钱高了点，要不这样吧，我多买点，价钱稍微少点，行吗？”

父亲态度坚决地说：“我们的菜好，值这个价钱才敢这样要，你不要有人会要的。”

那位顾客叹息着摇头：“还没见过这么死板的，真不卖就自己留着吧。”

眼看时间已近中午，买菜的人越来越少，而且他们的青菜也开始发枯，色泽不再鲜嫩。不得已，父亲也只好开始降价，由原来的每斤一块二降到一块。偶尔有顾客过来，问过价后便笑，都啥时候了，还要这么贵。没办法，丁力行对父亲说："要不再低点吧。"可父亲不同意："我们的青菜好，即使到中午，和别家的比起来，我们的青菜也是最好的。"

中午过后，青菜的价格急速下跌，经过一上午的晾晒，丁力行家的青菜再无优势可言。傍晚时分，终于有个顾客过来，花了几元钱买走了他们一大堆青菜。

看到这种情况，丁力行开始埋怨起父亲："都是你，价钱要得高不说，而且还定得那么死，没有一点缓和的余地，这样咱们的菜只有亏本的份儿了。"

听了丁力行的埋怨，父亲叹口气，不无遗憾地说："是啊，要是早上能及时出手就好了。可那时总想着自己的菜好，值那么多钱。这就像你找工作一样，只是一味地把自己限定在一个标准线上，不肯降低身价，从而错失了一次又一次机会。"

父亲的话终于使丁力行明白了他的良苦用心。后来，他进入了一家月薪只有不到两千元的公司，从头做起。在新公司里，丁力行勤勤恳恳，踏实做事，深得领导赏识。几年之后，不断进取的丁力行终于提薪升职，成功为自己谋得一份高薪工作。

这个故事告诉我们：恰当认识自己，给自己做出恰当定位，是每一个想成功的人必须具备的品质。如果对自己认知正确，定位准确，就能找准自己的位置与目标。如果连自己能干什么、不能干什么，能做好什么、不能做好什么都不知道，怎么能成功？曾仕强先生认为，"人生最重要的就是定位。"做任何事情都离不开重要的三点：方向、定位、行动。"直到今天，所有的管理其实都是以此为依据的——先把远期的目标确定好，然后找准市场定位，也就是公司在同行业里面居于什么样的位置、该做什么样的事情，最后才开始行动。”

常言道：“人贵有自知之明。”对于所有人来说，认识到自己的优势和不足是成功的必要条件。“尺有所长，寸有所短”这句话告诉我们：“人莫不有所长，莫不有所短。”有所短并不可怕，可怕的是不能认识到自己所短，或意识到而不去改变。曾仕强先生认为，凡是人都有三个特性：创造性、自主性和局限性。“人的创造能力不可能是无限的。有很多人一生想要发明一样东西，想要突破一个难题，可是最后却一点成果都没有，这就是人的局限性。”正因为如此，正视自己所短，与能够弥补自己所短的人合作，或恰当地利用他们，是消除自己所短，走向成功的必由之路。

（二）悦纳自我

悦纳自我，是自我肯定的一个非常重要的方面。悦纳自我就是对自己有积极的情感，为自己是现在这样一个独特的样子而高兴。在日常生活中，一些人之所以很多时候很多事情做不成，就是因为自己看不到自己独特的优势或长处，而总是看到别人的优势或长处，并与之相比，从而自己看不起自己。按照建构主义的思想，越看不惯甚至看不起或贬低自己，就会建构起一种自己不喜欢的形象，使自己越变越差。反之，越看得起自己，就会逐渐建构起一个自己所喜欢的人的形象，就会越觉得自己有价值，自己的生命有意义，由此使自己越变越好。唯有悦纳自己，才能发现自己的优势或长处，扬长避短，以优带劣，并不断发展自己的优势，消除自己的劣势；才能相信“天生我材必有用”“英雄终有用武之地”“生逢其时”；才能找准自己的特点，走自己的独特之路，瞅准方向，坚定地走下去；才能相信自己，不断给自己以鼓励，坚信自己能够克服任何艰难险阻。

从个体自我建构论的角度讲，每个个体包括他的人格或自我都是他自己建构起来的。试想，一个常常注意到自己的长处，并不断给自己鼓励的人，怎么可能没有信心？怎么可能不优秀起来？反之，只看到自己的无能并不断否定自己的人，怎么能够有信心？怎么能够成功？在日常生活中，每个人总是自觉不自觉地建构着自己，倘若经常用积极的语言激励或暗示自己，通常会变得越来越行。而如果总是用消极的语言贬低自己，那就会真的慢慢变得不行。这就告诉我们，要想使自己成功，就首先必须认可、肯定乃至悦纳自己，只有这样，才能对自己感到身心愉悦，敢于甚至乐于把自己的阳光一面或自己的优势充分表现或发挥出来，积极主动地充分挖掘自己的潜能，使自己充分发展，并给予他人以积极影响。

美国著名作家查尔斯·哈尼尔所倡导的“吸引力法则”认为，每个人都是自己的制造者，他可以造就或不造就他成为什么样的人，他可以通过操控他的意识和发展自身内在特有的能力，从而使自己变得怯弱或强大，富有或贫穷。依据哈尼尔的这一思想，任何想要成功的人应具备的条件包括：开展各种工作、活动和学习的意志力、决心与自我提高；需要学会给自己的心理穿上力量和能量的美丽外衣；必须愿意投入足够多的金钱、时间和耐心来打造这件精神外衣，就像他穿在自己身上的衣服那样漂亮迷人而有效实用。只要遵循信念法则并正确调适，在这个繁华的世界上，一切皆有可能。失去双手的励志讲师李智华说过一句话：“每一个期待生活会变得更好的人，一定能够绽放出生命力量。”这句话既是她自身经历的写照，也说明了一个浅显的道理，人的期待会成为人成就自我的巨大力量。当然，只是期待还不够，还应加上“相信自己能变好”，它和“期待变好”合在一起，会成为成就自我的积极动力。其中，“期待”是愿景，“相信变好”是自信，是对自己的悦纳，它会给予自己不断克服艰难险阻的力量。

（三）自我调整

自我调整是指个体对自己的心理和行为的监督、控制和调节，包括自制、自立、自主、自我监督、自我控制、自我教育。自我调整是影响成功的重要因素，自我调整能力强的人，通常会对自己的人际交往行为进行思考和反思，不断调整和改善自己的行为。

每个人从出生到死亡都处于发展演变过程，在这一过程中，人不可避免地会出现行为失当或偏差，这是对自己所存在的问题的反映，因此，这时候正是自己发现或认识自己的问题之时，也是进行自我调整以超越自己之时。自我调整是不断超越自己发展自己的有效途径和方式，是人成功的必要途径或方法。但是，在现实生活中，有很多人包括很多大学生不会自我调整，以至于出现许多不该出现的问题，影响自己的生活、学习、工作。例如，一些大学生觉得自己很有才，给自己确立了超越自己能力的目标，结果导致目标无法实现。在目标不能实现时，他们不去做自我反省，根据反省来及时调整目标，反而怨天尤人，出现承诺升级现象，结果导致在不适合自己的道路上越走越远。

承诺升级现象是指人们通常坚持自己错误的决定或态度，以表明自己的正确性，并因此避免承认自己犯了错误。详言之，当一个人在多个备选方案中选中一个方案，做出了决定，在实施这个方案时却发现它是一个拙劣的方案，但他往往会坚持已做出的决定。更糟糕的是，一旦选择了某个方案后，明知它有缺陷，还把时间、精力和资源投入导致失败的行动过程中去，以证明该决策的正确性，其结果是在错误或失败的道路上越走越远。

承诺升级导致的行为表现主要包括以下几个方面。

（1）辩解。在发觉错误或他人的意见比自己更好后，其首先是找各种理由或借口去说明自己决策的正确性，而不是改正错误或向发现错误、提出意见的人表示感谢。

（2）找其他方案或他人的问题，尤其是揪住其中的不重要的问题甚至是无关紧要的细节不放，以证明自己的决策最优。

（3）置若罔闻。

这样做的危害主要表现在以下几个方面。

（1）更难发现错误，以至于失去提高的机会，而犯下更为严重的错误。

（2）阻塞言路。他人指出问题或提出合理建议而当事人不接受，甚至还会招来不满与怨恨，他就会“知趣”而不再这样做，其结果是，许多合理的建议与方案被掩埋在萌芽之时或束之高阁。

（3）形成负反馈的恶性循环。能力越差则心胸越不开阔，越不愿接受他人意见，提高的机会与可能性就越小，能力就越差。由此陷入恶性循环的怪圈。

这说明，承诺升级既是人们承认错误的心理障碍，也是阻碍成功的重要因素。要让一个人承认自己的错误并改正错误，需要非常大的勇气，而只有具有这样的勇气的人才更有可能成功。经济学家斯蒂格利茨指出：“继续错误的代价由别人承担，而承认错误的代价由自己承担。”告诫人们要想成功，就要勇于承认错误。《这是我的错》的作者沃尔特·米勒则认为，“正确对待错误和责任也是做人应具备的最起码的品德；及时地承认并修改错误，就可以将错误的负面影响降至最低；承认错误，承担责任，是每个人应尽的义务；只有勇敢地面对并承认错误，修正自身的缺点，才会取得信任；能够承担责任的人是可以委以重任的人……”

厚德是个很漂亮的女孩，她到公司工作快三年了，比她后来的同事陆续得到了升职的机会，她却原地不动，心里颇不是滋味。有一天，她冒着被解聘的危险，找到老板理论：“老板，我有过迟到、早退或乱章违纪的现象吗？”老板干脆地回答：“没有。”“那是公司对我有偏见吗？”老板先是一怔，继而说：“当然没有。”“为什么比我资历浅的人都可以得到重用，而我却一直原地不动？”老板笑笑说：“你的事咱们等会再说，我手头上有个急事，要不你先帮我处理一下？一家客户准备到公司来考察产品状况，你联系一下他们，问问何时过来。”“这真是个重要的任务。”临出门前，她还不忘调侃一句。

一刻钟后，她回到老板办公室。“联系到了吗？”老板问。“联系到了，他们说可能下周过来。”“具体是下周几？”老板问。“这个我没细问。”“他们一行多少人？”“啊！您没问我这个啊！”“那他们是坐火车还是飞机？”“这个您也没叫我问呀！”老板不再说什么了，他打电话叫明智过来。明智比厚德晚到公司一年，现在已是一个部门的负责人了。明智接到了与厚德相同的任务。不一会儿，明智回来了。“哦，是这样的，”明智告诉老板：“他们是乘下周五下午3点的飞机，大约晚上6点钟到，他们一行5人，由采购部王经理带队，我跟他们说了，我公司会派人到机场迎接。另外，他们计划考察两天时间，具体行程到了以后双方再商榷。为了方便工作，我建议把他们安置在附近的国际酒店，如果您同意，房间明天我就提前预订。还有，下周天气预报有雨，我会随时和他们保持联系，一旦情况有变，我将随时向您汇报。”厚德在一边不禁脸直发红，不好意思再说什么，就退出了办公室。

当晚，厚德收到老板发来的一条信息：“厚德，不管你在哪里上班，请记住以下几条。第一条，工作不养闲人，团队不养懒人；第二条，入一行，先别惦记着能赚钱，要学着让自己值钱；第三条，没有哪个行业的钱是好赚的；第四条，干工作，没有哪个是顺利的，受点气是正常的；第五条，赚不到钱，赚知识，赚不到知识，赚经历，赚不到经历，赚阅历，以上都赚到了，就不可能赚不到钱；第六条，只有先改变工作态度，才能改变职业高度；第七条，让人迷茫的原因只有一个，那就是本该拼搏的年纪，却想得太多，做得太少。送君三个字——用心干！”

看了老板发来的短信，厚德突然间明白了。没有谁生来就能担当大任，都是从简单、平凡的小事做起，今天你为自己贴上什么样的标签，或许就决定了明天你是否会被委以重任。任何一个公司都迫切需要那些工作积极主动负责的员工，优秀的员工往往不是被动地等待别人安排工作，而是主动去了解自己应该做什么，然后全力以赴地去完成。

在这则故事中，厚德因没有对自己有恰当的认识而在提职加薪问题上产生了不满，后来在老板的教育下明白了自己的问题所在，开始去对自己做出调整。相信在调整后，她会对自己有一个新的认识，由此不断提升自己的工作能力和工作绩效，在成功的道路上越走越好。

二、处理好自己与自己的关系

若要与别人搞好关系，就要先同自己搞好关系。处理好自己与自己的关系，实际上主要是处理好主体自我和客体自我（包括物质自我、社会自我和精神自我）的关系。

（一）处理好主体自我与身体自我的关系

身体自我是物质自我的核心，是指个体对自己身体的认知和评价。前述的个体性理论都强调对自我的肯定，对自我的肯定首先是对自我的身体的肯定。依据罗洛·梅的理论，对身体肯定首先要有肯定自己身体的勇气，无论高矮、胖瘦、俊丑，都应当给予积极的认知和评价，这样才能真正认识到自己身体的特点尤其是优势，并对之加以合理运用，走出一条适合自己的成功之路。如果只看到自己身体的不足或劣势，就会产生自卑甚至自我戕害，使自己一事无成。比如，因为自己长得矮而自卑，就会把身体矮小的消极作用放大，以至于消极影响自己的心理和行为，如此不仅无助于自己的成功，而且还很容易产生心理问题。

有一个女孩子，二十几岁，个子很高，近一米八，但她感到很自卑。为什么呢？太胖了。因为自己嫌自己胖，在自己的内心世界中总是担心别人因为自己太胖瞧不起自己，所以连门都不敢出，唯一的一个朋友就是电脑。这样，她就自己把自己给封闭了起来，自己禁锢自己，使自己越来越胖。自己越胖就越看不起自己，形成一种恶性循环。

与之不同，也有很多身体上存在先天不足或缺陷的人，他们并没有因此而否定自己，相反，他们通过努力学习，增长自己的才干，反而比那些身体正常的人获得了更多的机会和成就。中央电视台的某个节目，曾邀请过洛阳师范学院的一个袖珍女大学生做嘉宾。她可能就一米多点的个头，而且长得胖乎乎的。但她丝毫没有害怕别人瞧不起自己，在学校里她主动积极地跟别人交往，与人为善，别人也很喜欢帮助她，因此她和很多人都建立了良好的关系。再加上她学习好，经常参加各种活动，就逐渐在当地有了一些名气。她毕业的时候，有很多公司都找上门来请她加入。

（二）处理好与自己所生活的时代或社会的关系

在现实生活中，有一些人总是抱怨社会，抱怨自己所处的时代，总是幻想自己如果生活在某某时代或某种社会该有多好。这是一种不切实际的消极想法，不利于健康自我的形成、完善。积极的想法应是这样：我们所生活的社会或时代，就是我们应该生活的社会或时代；我生活在这个社会或时代适得其所，这个社会或时代为我的发展、为我做出贡献、为实现自我价值创造了条件。而不能总是抱怨这个社会或时代对自己不公平，没给自己提供这个条件。我们的头脑中应始终保持这样的观念："天生我材必有用，英雄总有用武之地！我是有用的！这个时代为我提供了发挥我作用的机会和空间！"倘若你认为这个社会有什么不尽如人意的地方，你有能力的话就去改造，没有能力的话就去合理地利用，这才是我们对社会应有的态度。唯有持一种积极的心态，才能恰当地发现、认识并利用这个时代或社会提供给我们的条件，找到实现自我价值和社会价值的平台。

（三）处理好与自己的不足或缺陷的关系

在日常生活中，总有一些人因为工作没别人好，或挣的钱没别人多，或长相不如别人等，而感到郁闷、痛苦甚至愤恨，从而影响自己的生活，一直处于不开心之中。其实，每个人总是会遇到比自己强的人，或者至少是某方面比自己强的人，如果因此而感到嫉妒、愤恨或痛苦，那他们就会迷失自我，失去自我的独特性或特点，最终走上不属于自己或自己不该走的路。

第三节 自我反省，求之于己

一、自己行才是真的行

俗话说“求人不如求己”“佛不渡人人自渡”，它告诉我们，靠谁都不如靠自己，与其放下脸面讨好别人，不如努力改变，活好自己，当你成功了，就无惧风雨，当你强大了，就不怕人欺。无论在精神上还是物质上，都不要太依赖别人，别人能给你的，就一定能拿走，只有自己的，才真的是自己的。如果做什么事都去依赖别人，久而久之，你就会忘记自己是谁，自己什么都不会做了。

对于我们每个人来说，我们的人生都是自己的。别人再强大，那也是别人的，自己再不堪，也是自己的；依靠别人而活，始终活不出真实的自己。每个人的一生中都会面临着各种问题，没人会为自己解决一切问题。要解决人生中的问题，还必须依靠自己。

当然，在人的一生中，总会遇到一些岔路口或十字路口，总是会遇到一些不顺心、不如意的事情，也总是会遇到自己难以解决的困难、难以摆脱的困境。在这样的情况下，人们会感到前途迷茫，不知如何抉择，该何去何从，觉得很无助，甚至会感到生命无意义。越是在这样的时候，越是考验自己的时候，越是自己能够认识到自己的问题而实现自我超越的时候。在这个时候，每个人要做的不是迷茫抱怨，愤世嫉俗，怀疑人生，而是要让自己把心静下来，向内求助于自己的心，好好地反省一下自己曾经走过的路、做过的事，尤其是想想自己以前遇到这种迷茫困难的时候是怎样做的。每一个人的一生中，都会遇到自己必须要承担的苦，自己必须要战胜的难，自己必须要摆脱的困境，这些苦、难或困境是属于自己的，是自己的成长必须经历的，不经历这些，人是长不大的，是成功不了的。因此，在遇到它们时，再苦也得撑下去，再痛也得扛下去。

有子说："君子务本，本立而道生。"[①]这里的"本"指根本，"道"是为人处世之道，是人的成功之道。由于儒家把人的成功视为建功立业即"齐家治国平天下"，因此，这里的"道"可以理解为建功立业之道，也就是"齐家治国平天下"之道。据此，可把"君子务本，本立而道生"理解成"有修养的人应该专心于根本的事务，根本建立了，治国做人的原则、途径或方法也就有了"。对于这句话，如果从个体的角度看，可以把"本"理解为一个人的根本或本质，也就是自己所具有的本质特征，是区别于他人的独特性。由此就可以把它理解成"一个人首先应当做好自己，自己做好了，自己的成功之路也就有了，就能够建功立业了"。儒家所说的君子是"内圣外王"，其中"内圣"是"外王"的基础和前提。而要达到"内圣"，就要加强自我修养，而自我修养的过程是由"格物"到"致知"到"诚意"到"正心"最后到"修身"的过程。正如《大学》所言："古之欲明明德于天下者，先治其国；欲治其国者，先齐其家；欲齐其家者，先修其身；欲修其身者，先正其心；欲正其心者，先诚其意；欲诚其意者，先致其知；致知在格物。物格而后知至，知至而后意诚，意诚而后心正，心正而后身修，身修而后家齐，家齐而后国治，国治而后天下平。自天子以至于庶人，壹是皆以修身为本。其本乱而末治者否矣。""知止而后有定，

①语出《论语·学而》。

定而后能静，静而后能安，安而后能虑，虑而后能得。物有本末，事有终始。知所先后，则近道矣。”① 这告诉我们，修身是本，而修身就是做好自己，培养和提升自我修养或素养；自我修养或素养提高了，才能建功立业。从一个人内在的德智修养，到外发的事业完成，是一个连续不断开展的过程。这说明了一个浅显的道理：只有做最好的自己，才能确立建功立业的根本。因此，任何人想要成功，就必须从根本上提升自己。比如，对于大学生而言，要想在毕业之后成功就业或创业，就必须把将来就业创业所需要的知识技能学好，把自己的能力培养或提升起来，而不要总是抱怨自己上的学校不好，对自己所学专业不满，对老师的教学说东道西，对学校的教学条件不满意。

二、反躬自省，自我归因

孔子说：“君子求诸己，小人求诸人。”② 意思是说，具有良好品行的人，遇到问题先从自身找原因，而那些小人，出现麻烦时总是想方设法推卸责任，撇清自己，从不会去反躬自省，从自身找原因。之所以要从自身找原因，主要是为了提升自己的素养，不断使自己得以升华，从千变万化的人情世故和成败中，发现发生不如意的事情的原因和导致失败或挫折的因素，尤其是那些不易察觉的因素，领悟成败或消极事件的因果关系，提升自己的素养或积极心理品质，为自己的成功打下坚实的基础。就算在很多时候不是自己的错，养成“凡事先找自己的原因”这样的反思习惯，

---

①语出《大学》。
②语出《论语·卫灵公》。

也是自我负责、自我提升的良好的途径或方式。常言道："一个巴掌拍不响"，事实上，在日常生活中所发生的不顺心不如意的事，比如同学之间、同事之间的矛盾或冲突，或多或少都会有自己在一些方面欠妥的原因，只是自己意识不到而已，这主要是因为我们总是站在自己的角度、立场、价值观等，依据自己的知识经验来对事情做出认知、判断和评价。要想认识到自己比较难以觉察的问题，就需要做深刻的反省或反思，在反省的基础上，发现自己存在的问题，并改正自己的问题，使自己在不知不觉中获得素养的提升，这也是一种成功。这样的成功积累到一定程度，就会真正实现自己人生的成功。

在日常生活中，虽然人们总认为自己不会以自我为中心，却总是有意无意地以自我为中心。比如，人们在看问题时总是会不由自主地站在自己的角度，依据自己的知识经验，用自己的视角对问题进行思考或采取行动，把自己的所思所想投射在别人身上，认为别人也像我们这样所思所想。但是，由于每个人所站的角度或立场以及所具有的知识经验等存在个别差异，因此，每个人在看待并处理问题时难免出现一定的偏差。人们要想发现自己的这些偏差或偏颇之处，就需要做自我反省，积极主动地审查自己思想意识中的不足，由偏颇的思想所导致的偏差言行，以及偏差言行所造成的消极结果。有修养的人常会这样做，所以他们总能发现自己的问题并不断改进超越完善自己，由此他们能在人生道路上越走越顺。反之，缺乏修养的人总是不去认识自己的不足，而把责任归咎于他人和外界事物，怨天尤人，由此导致他们错失了发现自己问题并自我改正的机会，使错误或问题越演越大，他们也在错误的道路越走越远，越走越偏。

明智大学毕业后进了一家广告公司，有优越的工作环境和丰厚的年薪。按说，她应该过得不错，不会有跳槽的念头。但她恰恰产生过这样的念头。

起因是：有一次，她为老总写演讲稿，但怎么写也不能让老总满意。她硬着头皮改了七八次，可总是被老总批得体无完肤：你这里有问题，那里有问题，这个词用错了，那个用词也不当，这里有错别字，这个标点符号不对，这个语句顺序错了……还说她完全不是搞文字的料。她认定是老总有意为难她，委屈得不停地哭，想到了要跳槽。一连几天，她都陷入这种痛苦又无法摆脱的情绪中不能自拔。当然，老总的发言稿也没再让她写，而是让比她早一年到公司的师姐代劳了。对此，明智很不高兴，一方面觉得老总针对她，另一方面又觉得师姐代劳伤了她的自尊。

这时有朋友劝她："工作上的困难，谁都遇到过，遇到了困难谁都不会高兴，关键是你自己怎么看待这个困难。没有一个老板会无缘无故地处处为难一个员工。这对你倒是一个磨炼的好机会，我们生活中的很多本领都是在特定的情况下被迫学到的。你不妨这样想，老板帮你指出问题，你可以去改进这些问题，这样你就会不断地提高。并且，要虚心跟你的师姐好好学习一下。"

她听从朋友的意见，改变了她原来的想法，主动地去跟师姐学习，看她是怎么写这些东西的。几天后，师姐和她共同完成了演讲稿，老总很满意，拍着她的肩膀说："明智，你还是有潜力的，工作的时候要善于把它们挖出来呀！"听了老总给予的肯定，她顿时又觉得老总和蔼了起来。她的认知改变了，情绪改变了，结果也改变了。

在这个故事中，明智开始时是站在自己的角度，认为老总指出她的错误是对她的故意刁难，以至于严重影响了她的工作积极性，甚至想跳槽。在朋友的帮助下，她学会站在老总的角度去认知分析，由此发现了自己的问题，改变了自己对老总以及工作的态度，实现了自我超越。

某所211高校中，有两个博士研究生住在同一个房间。其中一位喜欢早睡早起，另一位喜欢晚睡晚起。早睡早起者晚上10点前睡觉，早上6点前就要起床；而晚睡晚起者晚上12点前还不睡觉，上午9点前绝不起床。早睡早起者嫌晚睡晚起者晚上开灯学习和睡前洗刷影响自己，很生气，于是二者之间发生矛盾，经常吵闹。两人因生气吵闹而使自己心里无法安静，都筋疲力尽，没有精力学习，最后都没有拿到博士学位。

这两个人之所以两败俱伤，都没有获得博士学位，其根本原因是他们两个都缺乏反省，都只看到别人的过错，别人对自己的影响，而认识不到自己的过错和对他人的影响。这样就导致他们的矛盾不可调和，把自己的时间、精力都用在了不该用的事情上，而没有用在真正的学习研究上，以至于既影响了自己的学业，又影响了自己的身心健康。如果他们能够通过反省发现自己对他人的影响，就会各自做出改变，由此他们就有可能折中调和，形成融洽的宿舍氛围，从而把时间和精力都用在学习研究上，共同进步。通过这个案例我们可以看出，反躬自省对人的身心健康的重要性。

在“吾日三省吾身”这句话中，人们反省的主要是“忠信勤”，其中“忠信”是事人，“勤”是事己。反省“勤”就是反省自己是否勤勉、勤奋，实际上就是要求自己勤奋、勤勉。整日勤勉是求知治学做成事的根本。一个人如果日积月累如此，他就能成为栋梁之才。用宋代理学家朱熹的话说，“日省其身，有则改之，无则加勉，其自治诚切如斯。”这实际上是要求人们要积极主动地做自我检查，经常反躬解剖，省察自己，对自己的思想言行的合理性进行诊断评判。如果发现自己有不足或缺陷，要及时改正；在反省中，要敢于知错认错，克制自己的不良思想和行为，使自己的言行回到正确轨道上来，做一个堂堂正正的人。反省时，要特别注意反省自己独处时的心理活动、思想言行。“莫见乎隐，莫显于微，故君子慎其独。”[①]因为独处时最能体现一个人的修养，尤其是一个人的定力和驭心力。如果在受到巨大诱惑的情况下能够保持定力，抵御诱惑，不做邪恶之事，满怀真善美，那就说明这个人很有定力和驭心力。有了这样的定力和驭心力，就不愁他不会有成功的人生。在日常生活中，总有一些人执着于两端，光想成功，害怕失败，从而饱受焦虑或恐惧的折磨、困扰。只有具有真正的定力和驭心力，掌控自己，坚守自我，抛弃种种私心杂念，使自己的心保持清净，才能不受各种诱惑的侵袭或扰乱。“原来那种种杂念全是自己，自己对自己还有什么贪求吗？需要去排除吗？”倘若能够这样去思去想去做，就会逐渐心灵明朗，想开了，思想通了，如此烦恼、杂念就会逐渐淡下去，直至再没有杂念烦恼来困扰自己。

三、做好自己，聚集人气

《易经》指出：“方以类聚，物以群分，吉凶生矣。”[②]这是告诉我们，不是一类人聚不到一起。反过来讲，唯有一类人才能在一起。只有当你自己强大了，你才能获得别人的人脉。美国著名作家查尔斯·哈尼尔曾出版过一本题为《硅谷禁书Ⅲ——吸引力法则》的畅销书。吸引力法则是指在每个人的生命中，都会吸引到他所注意、关心和聚焦的东西，也包括人。通常，聪明的人总是倾向于与聪明的人在一起，即使是找对手或敌人，也愿意找同样聪明的人，这样才觉得有意思，更能激发自己战胜对手或敌人的动力。就像下棋那样，和“臭棋篓子”下棋越下越臭。因此，聪明的人

---

①语出《礼记·中庸》。
②语出《周易·系辞上》。

能够吸引聪明的人，而聪明的人在一起能够相互激发和促进。同样，乐观开朗的人愿意与乐观开朗的人在一起，这样大家都会觉得没那么累，因此，乐观开朗的人容易吸引乐观开朗的人。同理，进取的人能吸引进取的人，高手容易吸引高手……这就告诉我们，要想走好自己的成功之路，就需要先做好自己，做好自己就能吸引同样做好自己的人，聚集能使自己成功的人气。

而要想做好自己，首先必须改变自己。人们所做的改变通常有改变环境和改变自己两个方面，其中，改变自己可能比改变环境更加重要。因为一个人永远只能活在自己的感觉和思想之中，只能活在自身之中，环境必须通过自身才能感受到。世界就是人们眼中的世界，人们有什么样的眼光，他们就看到什么样的世界。因此，改变人的眼光，实际上就改变了他的世界。虽然改变自己并没有改变环境本身，但是自身的改变却改变了自己眼中所看到的世界，自己思想中所思考的世界。常言道："眼光决定性格，性格决定命运，命运决定成就。"因此，我们要想获得成就，就必须不断调理、改善、提高自己的眼光。如果人的眼光或眼界高了，就充满自信，不会去随波逐流，不会在乎别人怎么看自己。

人活着不仅追求量上的满足，更追求质上的提升与升华。追求生命质量、创造生命价值是人的本质特征，表现为一个人去获得关于自身的自觉思维方式，反思所能达到的人生境界，设计未来的价值理想，以实现自我发展或自我提升。其中，人的思维方式是人认识自我、理解自我的"知"的方面；人生境界代表着做人的水准和高度，体现着为人所独有的人格尊严与生命力量；价值理想是引导人不断发展自身、创造自身的灯塔。人的自身素养和境界提升了，自然就有了成功的底气和力量，也就不会为自己能否成功而焦虑，不会在乎他人的说法、看法和做法，耐得住寂寞，坐得住冷板凳，抵挡得住冷嘲热讽，由此才能真正吸引有境界的人。

第四节 驾驭心灵，创造自我

人都是由自己建构或创作出来的，人的行为是自己在行动过程中自己“设计”的，即自己为达到某种目的而自觉不自觉地设计自己的行为表现。从这一角度来说，每个人能否成功、能否有价值、能否有成就感，最终是取决于自己而不是他人。

一、自己的心灵世界自己造

按照当代的心智哲学、建构主义等思想，人的心灵世界是人自己创建起来的。心灵是人的存在方式，是人的最为本质性或本体性特征。也就是说，人的根本性或本源性存在是一种心灵的存在。

美国著名人类学家、社会学家米德认为，心灵、自我和社会的形成和发展，都以符号使用为先决条件。事实上，人的穿戴、姿态、社会地位等都可以成为符号，在人的心灵的形成和发展中发挥十分重要的作用。语言是心灵和自我形成的主要机制，也是人们通过交往以形成自我而使用的主要符号。通过符号向他人传递一定信息，使他人了解自己的想法或意图，从而使他人认知自己，而他人对自己的认知又通过符号反馈给个体，个体对他人用符号反馈过来的信息再进一步对自己的心灵和自我进行调整，由此使人的心灵和自我不断地演变和发展。这说明，自我的形成取决于语言，既取决于别人用什么语言来表征、描述、评价自己以及自己对此的认知、理解和转换，也取决于自己使用什么语言来表征、描述、评价自己。一方面，他人所说的话、所表现出来的行为等，对个体到底发挥什么作用，完全取决于个体自己。比如，当人们因某些方面存在不足而受到他人的嘲讽时，如果把他人的嘲讽当作激励，奋力拼搏，努力去改变自己的不足，那他人的嘲讽就成为被嘲讽者改变、超越自己的转机或动力，由此就会使人为成功不断地积累心理资本，最终成就自己。这样，他人的嘲讽对被嘲讽者就发挥了积极的影响。如果因受到他人的嘲讽而恼怒，与嘲讽者发生矛盾，甚至争斗不休，那就会两败俱伤；如果因受到他人的嘲笑而自卑，放弃自己的行动，甚至不敢做事，那他人的嘲笑只会起消极作用。另一方面，自己所说的话、所表现出来的行为等，则会逐渐形成他们自己。因为人通常有一种倾向，总是力图来证明自己说的或做的是对的。这说明，人们实际上是通过符号来建构自己。如果某人给自己的自我取一个不好的名称，然后诋毁它、诅咒它，这样他将不可避免地成为他所认为的那样糟糕。相反，由于某人的自我是发自他真正的内心，他认为他的自我是非常优秀和令人满意的，那么，即使有时其“自我”会让他有些失望，但它永远不会辜负个体所给予它的美名，最终，他会真真切切地发现其自我是价值巨大、潜力无穷的。

语言是人所创造和选择的表达心理的工具，任何言语行为都肇始于人的意向性，即以意向性为表达始点，又以意向性为归宿，语言的使用与表达方式正是在这一基础上形成的。语言的使用既受制于意向性，又取决于主体的心理能力，即主体的言语行事的基本方式和能力，如语言知识及其应用能力、语言表达能力等。就如人们经商都想赚钱（意向性），但能否赚钱，还取决于其经商能力。这些心理能力构成了主体的语言活动的基础或必要前提。

人所生活的世界都是自己的心灵作用过的世界，在心灵的作用下，人通过自己的活动或行为，把外在自然和自己的内在自然主体化，创造出一个具有主体意义或价值的世界，并以意义或价值为纽带把自己与自然、社会、他人等组织起来，构建自己的观念、生活方式、制度等。正是这种以主体为中心，从主体的立场和视域出发，才得以形成人所生活的世界，世界以及其中的万物才具有人的意义和价值。正因为如此，主体通过心灵或自我给予事物、刺激、情境或现象以意义，并据此对它们进行反应、解释和表现出相应行为。情境或刺激的意义既由人的心灵或自我给予或赋予，又通过心灵或自我得以解释，同时它又反过来制约着人的心灵或自我活动，由此形成了人们所生活于其中的独特的心灵世界或自我心理世界。

法国哲学家笛卡尔提出的著名的“我思故我在”论断，将思维与存在的关系定义为因果关系，由于我思维，所以我才知道我存在。详言之，主体在“思”或认识自己之前，尽管其已经存在，但并不知自己已经存在及如何存在；只有在“思”或认识之后，才发现或意识到自己的存在及其状态和过程。“思”或认识在存在之前，存在是“思”或认识的结果。不仅如此，主体对自己存在的“思”或认识，又会进一步影响乃至左右存在，这实际上是“思”或认识与存在的相互作用。比如，某人有某些方面的缺陷，当他没有认识到缺陷时，不会受缺陷的影响，不会因此而自卑或积极地去改变。而只有当他认识到缺陷时，才会发现缺陷的存在并受其影响，或因此而自卑，或去充分利用它，或去积极改变它。从这个意义上来说，人所生活的世界都是其用“心”构筑的世界。南宋理学大师陆九渊提出“吾心即宇宙，宇宙即吾心”思想，认为“宇宙内事乃己分内事，己分内事乃宇宙内事”，主张天理、人理、物理只在人的心中；人同此心，心同此理，古今中外，皆是如此。这一思想强调了“心”在人的生活中的中心和前在作用。

在现实中，尽管人们所生活于其中的客观环境难以改变，但人们对它的态度及由此产生的对人的影响都会随人的“心”而定。比如说生活中面临困境，有的人会觉得是自己的命不好，由此怨天尤人；有的人则甘于认命，不得不去忍受；有的人则去积极面对并改变，着力于解决问题；也有的人把困境看作是对自己的一种锻炼。

从哲学的角度讲，人的存在的意义是离不开其感受和思维的。世界的存在是客观的，但是它的意义却是主观的、因人而异的。世界的存在只有在你的感受中、在你的思维中，才是有意义的。这就是说，人所生活的世界是人自己造出来的，该世界的大小是由人心决定的，它不完全是客观的，而是由人对世界的认知所形成的观念构成的。观念是人们凭自己的感官在心里绘制的世界地图，地图不是真正的地点，而是人们对世界的主观解释。每个人都活在自己塑造出来的主观世界里，脑子里的世界不同，做事的行为就不同，如果要想有重大的改变，人们必须先改变他们的观念；改变了观念，就改变了看世界的方式，世界由此而不同。

二、操之在我

既然个体的心创造了他所生活的世界、自我及其心灵，那么就可以说人的命运是由自己掌控的，即操之在我。比如，遇到困境，个体是奋起拼搏努力摆脱困境，还是自暴自弃消极颓废，抑或是自觉无力忍受困境，全都取决于自己。自己做出的选择不同，对个体的影响也不同。遇到极为艰难的逆境时，如果能够像中国的先贤们那样将其视为对自己的磨炼与考验，并将这种磨炼与考验视为是成功的必要条件和关键性因素，对之抱乐观主义态度，那么，逆境就会成为促进人成长的机会。否则，逆境就会成为击垮人的障碍。不管遇到什么情况，自己做什么或不做什么、应该如何做的选择权始终在自己手里，每个人都应当对自己的行为和选择负责，都应承担自己的行为和选择所带来的后果哪怕是恶果。

（一）我的选择我做主

在日常生活中，经常听到许多人抱怨："我没有办法，领导非要这样做。""谁叫我家里这么穷呢？我有什么办法。"也有一些大学生抱怨："我的父母非要让我选这个专业，我不选这个专业，他们不给我资助，我有什么办法？""老师讲得不好，我怎么能学好？"在与同学发生矛盾时，一些学生常会说："××太差劲了，实在没法跟他打交道！""他一点也听不进去别人意见，叫我怎么给他提意见？"诸如此类，把自己失败或挫折的原因都归结到别人身上。果真如此吗？自己真的没有一点责任，没有办法吗？答案当然是否定的。在许多看似自己没有选择权的事情上，其实往往还是有自我做主的机会或自由的。而能否把握住这样的机会或自由，关键取决于我们怎么做，怎么选择。

（二）做出正确选择

人们在面临一定的问题时，通常有操之在我和受制于外两种选择。

操之在我是指自己始终掌控事情的局面，使其按照自己的希望或愿望发展。做到操之在我的基本要求是掌控自我，不忘初心，以问题为中心。

掌控自我，即要弄清楚"我是谁，我能做什么，我该做什么，我该怎么做，什么对我最为重要"等问题。这样，才能给自己恰当定位，找到解决问题的方法。恰当的自我定位，是成功者必备的素养之一。一个人要想做事成功，首要的条件是做自己能做的，干自己该干的，因此，必须明白自己能做什么，该做什么。其次，要学会恰当地用人，尤其是能够弥补自己缺陷的人，这就需要对人进行恰当的认识和评价，比如哪些人可以做朋友，哪些人不能做朋友；哪些人可以合作，哪些人不能合作。在日常生活中如果认不清人，就可能导致交友不慎，由此导致生活不安宁。最后，要善于用人，即用人所长。光识人还不行，还要在识人的基础上恰当地使用人，使这个人的长处得到充分发挥。自我定位还包括确定自己在群体和人际交往中的位置，这对于搞好人际关系及取得日后的成功也非常重要。一个人要想处理好人际关系，为自己的成功奠定人脉基础，就要明白自己在群体中居于什么样的地位，如社会地位、社会身份或社会角色等。只有知道了自己的地位或角色，才能表现出与其相一致的行为，如果是学生就要做学生应该做的事情，如果是教师就要做教师应该做的事情，如果是员工就要表现出与员工相符的行为，如果是领导就要承担起领导所应承担的责任，不能在其位不谋其职。

不忘初心，即不忘自己最初的心愿，始终明确并坚守自己做事情的初衷，清楚自己到底是要做什么，达到什么目标。实际上，社会生活中的每个人都有一颗初心，每个人要想成功，都应当寻找初心、牢记初心、保持初心，为实现自己的初心而积极奋斗，勇于拼搏进取。否则，忘记自己的初心，就会迷失方向，做出一些违背自己初心的事，难以成就自我。比如，大学生在学校主要是为了学习，而不是为了与别人争个你长我短，如果明白了这一初心，就能始终把握自己的方向，而不会把时间和精力耗费在那些无谓的小矛盾上，白白浪费了自己的大学美好时光。

以问题为中心，即要始终围绕问题的解决，而不要受到其他无关因素的影响而偏离自己本应该做的事情或要解决的问题。比如，当两个同学因为生活习惯差异而产生矛盾，这时两个人应着重于矛盾的解决，围绕如何能够不相互影响而进行商讨协商，而不是相互攻讦指责，激化矛盾。着眼于问题，会使人们积极地去寻找解决问题的办法，而不是无济于事地生气、埋怨甚至吵闹争斗。

受制于外是指人们受外部因素影响，难以控制事情的发展局面，在情绪或情感的驱使下，被动地对外部情境或刺激做出不受自我控制的反应。导致受制于外的原因包括内部因素和外部因素两个方面。内部因素主要有：个体的自我定位不明确，不知道自己该干什么，能做什么；迷失自我，没有把握自己的根本目标；跟着外部因素转，无法以问题为中心；认识不清什么对自己最重要，自己最应该做的事情是什么。外部因素主要有：他人的诱惑、干扰或影响，如别人故意找自己的茬；外部情境的压力，如生活拮据；社会经济的发展；人们所处的生活环境等。

受制于外最根本的表现是心随境转，人们无法掌控自己的心，很容易受到他人的言谈举止和外部环境因素的影响。如此，个体无法走自己的路，无法做自己该做的、能做的事情，以至于难以成功。在日常生活中，经常会出现同学、朋友、兄弟姐妹之间为了一点利益或一点小事，争吵不断，仇恨怨气越结越深，最后两败俱伤，就是这种受制于外导致的恶果。

操之在我与受制于外是负相关的关系，操之在我越强，就越不会受制于外；受制于外越强，就越难以操之在我。操之在我是成功的必要条件，而受制于外则是成功的巨大障碍。因此，任何人要想成功，就必须改变自己的受制于外的问题，真正做自己的主人，使事情操之在我。就像《爱地巴跑圈》中的爱地巴那样，始终明确自己要做的事情是什么，做自己情绪的主人，把不良的事件升华为自己进取的动力。同样，对于任何人来说，只要能够积极面对，勇敢向前，他就能掌控自己的命运，成就自我，做出一番事业。

（三）增强自己的影响力

影响力是指用一种别人乐于接受的方式，改变他人的思想和行动的能力。它包括权力性影响力和非权力性影响力两种。权力性影响力又称为强制性影响力，它主要源于法律、职位、习惯和武力等。权力性影响力对人的影响带有强迫性、不可抗拒性，它是通过外推力的方式发挥其作用。由于具有强迫性，通常权力性影响力对人的心理和行为的激励是有限的。与权力性影响力相反的是非权力性影响力，也称非强制性影响力，它主要来源于影响者个人的人格魅力，影响者与被影响者之间的相互感召和相互信赖。

影响力是影响操之在我的重要因素。影响力越大，就越能够操之在我，影响他人；影响力越小，就越不容易操之在我。所以，要掌握主动权，就要提升自己的影响力。提升影响力的方法主要是印象整饰。

印象整饰又叫印象管理。整饰，意指整理修饰，印象整饰就是指对自己进行整理修饰以便给别人留下自己想留下的印象，通常是好的印象。一般而言，人们总是倾向于以一种与当前的社会情境或人际背景相吻合的形象来展示自己，并影响他人，以确保他人对自己做出自己想要他做出的评价。比如，应聘者去面试是为给招聘者留下好印象，增加自己被成功录用的概率，因此一般人都会提前认真准备，以使自己在面试时有良好的表现。再如，某个人去见自己喜欢的人，为使对方对自己有好感，会刻意按照自己所了解的对方的喜好进行打扮修饰。这种通过自觉调控自己的仪表、体态、言谈举止等方面，从而间接影响或控制他人的知觉和感受的过程就是印象整饰，它既是自我调节的一个重要方面，也是社会互动的一个根本方面，更是在人际交往中影响他人的有效手段。

印象整饰主要依靠的是个体自己的表现，即选择权和决定权掌握在个体自己的手里。依据自我表现理论，人们在日常生活中的表现就像演员在舞台上演出一样，扮演着不同的角色。在戏剧舞台上，演员演戏的时候要进入角色，这就意味着我们在日常生活中表现的时候也要进入我们的角色。在一定的场合，我们要担当的是什么样的角色，就要表现出与这个角色相应的行为。通常，人们在人际交往中都希望获得一种与当前社会情景相适应的形象，使之能被他人在特定情境中恰当地知觉，从他人那里获得与情境相一致的恰当的评价，以便更好地影响他人。

影响力的获得与个体自己密切相关，其掌控权和决定权依然在个体自己手里，即操之在我。尽管影响力是对他人施加影响的程度，使他人在自己的影响下表现出自己所期望的心理活动和行为，但它是通过自己的作用而产生的。这就告诉我们，在日常生活中，我们要想改变他人，首先要改变自己，通过自己的改变引起别人的改变。在与别人产生矛盾或冲突时，首先要从自己身上找原因，根据自己的问题做出改变。比如，同学之间因意见不同出现争论时，首先应根据他人的不同意见分析自己的意见存在什么问题，然后对自己的意见做出调整或改变。再如，同寝室的同学之间因为生活习惯不同而产生矛盾，那每个人都应先去反省自己的问题以及对他人产生的影响，在发现自己的问题后，首先要向别人道歉并积极做出改变，而不能只是责怪别人。否则，总认为自己是对的，别人是错的，自己不去改变，而总想让别人做出改变，那么问题不仅得不到解决，而且还会愈演愈烈，最终使得本来能够轻松解决的小问题变成无法解决的大问题。

三、以终为始

以终为始是指把终点作为起点，依据终点来设计自己的行动。其实质是确立自己要最终达到的目标，根据要达到的目标设计自己的行动，制订出一步步的行动规划，然后按照行动规划一步步地去实现目标。

有个成语叫“胸有成竹”，它的意思是，在做事之前先在心中酝酿，做出设想与安排，即事前对问题已有全面的考虑和解决办法，或者因心中有了主意，从而神态自若、沉着冷静地一步一步朝着目标迈进。常言道：“行动之要，思想先行。”思想是行动的先导，思想先于行动，才能将行动的方方面面考虑周全，由此行动才能达到目的，把事情做好。所有这些都告诉我们，做事情尤其是做大事，一定要依据目的在心里预先谋划。

影视演员周迅曾写过一篇感人的文章，名字叫《想想十年后的自己》，她是这样描述自己是如何一步步在演艺事业上获得成功的。

18 岁之前，我是个不知道自己想要什么的人，那时我每天就在浙江艺术学校里跟着同学唱唱歌、跳跳舞，偶尔有导演来找我拍戏，我就会很兴奋地去拍，无论多小的角色。如果没有老师跟我的那次谈话，那么也许直到今天，仍然没有人知道周迅是谁。

那是 1993 年 5 月的一天，教我专业课的赵老师突然找我谈话：“周迅，你能告诉我，你对于未来的打算吗？”我愣住了。我不明白老师怎么突然问我如此严肃的问题，更不知道该怎么回答。老师问我：“现在的生活你满意吗？”我摇摇头。老师笑了：“不满意的话证明你还有救。你现在就想想，十年以后你会是什么样？”老师的话音很轻，但是落在我心里却变得很沉重。我的脑海里顿时开始风起云涌。沉默许久，我看着老师的眼睛，忽然就很坚定地说：“我希望十年后的自己成为最好的女演员，同时可以发行一张属于自己的音乐专辑。”老师问我：“你确定了吗？”我慢慢地咬紧着嘴唇回答：“Yes”，而且拉了很长的音。老师接着说：“好，既然你确定了，我们就把这个目标倒着算回来。十年以后，你 28 岁，那时你是一个红透半边天的大明星，同时出了一张专辑。那么你27岁的时候，除了接拍各种名导演的戏以外，一定还要有一个完整的音乐作品，可以拿给很多很多的唱片公司听，对不对？25岁的时候，在演艺事业上你就要不断进行学习和思考。另外在音乐方面一定要有很棒的作品开始录音了。23岁就必须接受各种培训和训练，包括音乐上和肢体上的。20岁的时候就要开始作曲，作词。在演戏方面就要接拍大一点的角色了。”老师的话说得很轻松，我却感到一阵恐惧。这样推下来，我应该马上着手为自己的理想做准备了，可是我现在却什么都不会，什么都没想过，仍然为小丫鬟小舞女之类的角色沾沾自喜。我觉得有一种强大的压力忽然朝自己袭来。老师平静地笑着说：“周迅，你是一棵好苗子，但是你对人生缺少规划，散漫而且混乱。我希望你能在空闲的时候，想想十年以后的自己，到底要过什么样的生活，到底要实现什么样的目标。如果你确定了目标，那么希望你从现在就开始做。”

一年以后，我从艺校毕业了，老师的话从那天开始一直刻在了我的心底：想想十年后的自己。是的，当我意识到这是一个问题的时候，我发现我整个人都觉醒了。从学校毕业后，我忙于接拍各种各样的影视剧。我始终记得，十年后我要做最成功的明星，所以对角色我开始很认真地筛选。后来我拍了《那时花开》，拍了《大明宫词》，我渐渐被大家接受，也慢慢地尝到了成功的快乐。2003年4月，恰好是老师和我谈话后的十周年，我不知道这是偶然还是必然，我居然真的拥有了属于自己的第一张专辑——《夏天》。其实你也和我一样。如果你能及时地问自己一句：“十年后我会怎么样？”你会发现，你的人生就会在不知不觉中发生变化。时刻想着十年后的自己，你会朝着自己的梦想越走越近。

在文章中，老师采用了倒推法为周迅进行人生设计，由未来的需要

（理想或目标）出发，倒过来一步步推导出她现在应该干什么，应该具备什么能力。在以终为始的人生设计下，周迅通过努力，最终成就了自己的演艺事业。由此可以看出，以终为始的人生谋划和设计对于我们成功的重要性。它可以用在我们生活中的各种各样的事情上，大到我们的事业，小到我们的日常，通过以终为始的设计，都可以使我们的生活和谐，有条不紊。比如说，有些学生在大一的时候想考研，当考研的目标确立以后，他们就可以用倒推法制订一个比较详细的规划：根据考研所需要的成绩，结合自己当前的水平和能力特点，制订一个详细的学习计划，然后按照计划排除各种干扰，沉着冷静脚踏实地地一步步走向目标。这种设计与规划以及实现目标的过程皆是操之在我，他人只是起到提示、引导和协助作用。

有一天，一位记者到建筑工地采访。他问第一个建筑工人正在干什么活儿，那个工人头也不抬地回答："我正在砌一堵墙。"他问了第二个建筑工人同样的问题，回答是："我正在盖房子。"记者又问第三个工人，这次他得到的回答是："我在为人们建造漂亮的家园。"记者觉得三个建筑工人的回答很有趣，就将其写进了自己的报道。若干年后，记者整理过去的采访记录，偶然看到了这份材料，三种不同的回答让他产生了强烈的欲望，想去看看这三个工人现在的生活怎么样。等他费尽周折分别找到这三个人的时候，结果让他大吃一惊：当年的第一个建筑工人现在还是一个建筑工人，仍然像从前一样砌着他的墙；而在施工现场拿着图纸的设计师，竟然是当年的第二个工人；至于第三个工人，记者没费多少工夫就找到了，他现在成了一家房地产公司的老板，前两个工人正在为他工作。

这个故事告诉了我们目标的重要性：目标不同，人看问题的角度就不同，因而人的眼界也不同，不同的眼界导致不同的前途；人的眼光有多高远，他就能走多高远；如果心中有大格局、大视野，把当前的小工作视为大事业的开始，就最终能够成就大事业。生活实践表明，大凡成功者都具有远大的目光，有远大的理想和人生奋斗目标，因此他们不会为一些小事而计较，也不会因当前平凡的苦累的小工作而忧愁甚至颓废。如果一个人到大学学习只是为了将来能够混口饭吃，那他的格局就太小，将来不会有太大的出息；如果是为了做出一番事业，实现自我价值，那他就会着眼于长远，努力学习，将来取得一番成就的机会就比较大；如果与国家命运结合起来，怀有治国平天下的抱负，那他的格局就非常大，做出一番成就的可能性会更大。

古今中外的许多事例都表明：所有事物都要经过两次创造，心理创造始于物理创造之前。也就是说，我们在创造出任何事物之前，首先会进行心理创造，即心理构思，然后再把心理构思创作或表现出来。这告诉我们，做任何事情，都要在心里把要达到的结果确立成一个明确的目标，然后分析现有水平和目标之间的差距，随后把这种差距变成一个一个小目标，最后通过一个个小目标的实现达到最终目标的实现。这实际上就是心理学中所讲的手段—目标分析。在进行手段—目标分析时，要注意始终考虑目标状态与当前状态之间的差异；要根据实现目标的要求和现有的条件制定出相应的价值标准，并不断地运用这个标准去进行手段的取舍和选择；注意解题过程的计划性和动态调节性。

自我的形成也要经过两次创造或建构，首先是心理创造与建构，其次是呈现于世的自我的创造。后者是以前者为基础，就像前面提到的“胸有成竹”那样，画出来的竹子是心中建构的竹子的反映。如果我们在心中构造出一个会不断超越、不断变好的自我，那我们就会照此自我逐渐建构或创造出呈现于世的真正的自我。如果我们创造出一个充满生命力量的强大心灵，那我们就会在我们的生命中创造属于我们的奇迹。如果我们心中坚信在我们的生命中没有做不成的事，没有跨不过的坎儿，那么我们就会创造或建构出一个勇敢地跨过一道道人生的坎儿、做成一件件难以做成的事的成功的自我。

第四章
成功素养

一个人能否做到操之在己，如何操之在己，关键要看自己是否具有成功的素养。那么，成功到底需要什么素养呢？

第一节　成功学家拿破仑·希尔的观点分析

美国著名成功学家拿破仑·希尔，通过对福特、罗斯福、洛克菲勒、爱迪生、贝尔等在内的500多名成功人士进行观察，总结概括出17条成功定律。拿破仑·希尔概括出的成功定律，实际上是他在调查对象身上所发现的一些共同的心理特征。

一、积极的心态

任何人要想成功，首先都应具备积极的心态。不管是成也好，败也罢，都能够积极、乐观地去看待。乐观地面对现在和未来，坚信未来一定会变得更好；乐观地面对并善用自己的缺陷，把自己的缺陷转化成自己补偿进取的动力；乐观地面对挫折或失败，从挫折或失败中获得智慧、勇气；乐观地面对困境和难处，想办法战胜和解决它们。这些都可概括为积极心态。在任何时候、任何境遇下，我们始终都要保持这种积极的心态。

李智华在三个多月大的时候，由于家里失火，烧掉了她的双手。这对于她个人来说是一个非常严重的灾难。在她学走路的时候，经常摔倒，但都勇敢地站起来。在她两岁的时候，开始学会用脚吃饭。她试图让双脚来代替双臂，便拿起杯子来挑战。她用脚趾夹起杯子的把手，杯子刚刚颤颤巍巍地提起一些，又马上落了下来，可她并没有气馁，就这样反复练习，三个月后，她终于可以毫不摇晃地将杯子中的水送入口中。后来，她用脚趾夹着铅笔写字。刚开始时铅笔头怎么也夹不紧，她就用绳子把铅笔和脚趾捆在一起，绳子松了，就使劲勒。为了能写好一个简单的“0”，她竟整整练了一天，脚被磨得又红又肿。经过她的努力坚持，学会了用脚做各种各样日常生活中人们用手做的事情，做到了真正的自食其力。冬天特别冷，由于用脚做事不能穿袜子，她的双脚长满了冻疮，但她从不哼一声。到了上学的年龄，却因为没有手被校长拒绝入学。倔强的她，悄悄地跟在哥哥姐姐后面去上学。进不了教室，她便拿几块砖头垫在脚下，悄悄地站在窗外听课；没有课本，她就牢牢记住黑板上的每一个字。有一次老师提了一个问题，班里的孩子们没有一个能回答上来，这时，却从窗外传来李智华清脆而准确的回答声。在老师的帮助下，李智华终于走进了课堂。初中毕业后，她又因为残疾而失学。

2000 年 9 月，在社会好心人的帮助下，她和姐姐获得中专学习机会。艰苦的环境磨炼出了李智华的意志，也赋予了她一颗善良的心。她经常帮助那些更困难的同学。

2003 年，她用一双脚扣开了高等学府的大门，来到西安欧亚学院。学院领导给了她许多的关怀，免了她所有的学杂费，为她特制了专用的桌椅。2003 年 12 月，李智华获得陕西省大学生艺术节书法比赛第二名；2004 年 12 月，获得中国青年书法比赛陕西省青年 A 组一等奖。她的设计作品在院“师生作品展”上，荣获一等奖。

李智华在欧亚学院学习的同时，还攻读了中国逻辑与语言函授大学的中文专业。2004 年 12 月，她被中国逻辑与语言函授大学评为“十佳学习之星”，在人民大会堂接受表彰。2005 年她与众多明星一同参加全国妇联组织的救助“春蕾女童”活动，为救助女童筹集资金近万元。2006 年 7 月，刚刚走上工作岗位的李智华将上班首月工资 1000 元钱，送给身患白血病的 13 岁少女治病……

李智华虽然没有做出惊天动地的业绩，但在她身上所体现出来的宝贵精神和优秀品质正是广大青少年所不可缺少的。2004 年 12 月 18 日，中国残联、教育部、共青团中央、全国妇联联合发出《关于开展向李智华同学学习活动的通知》，要求广大青少年向她学习。

2006 年，李智华再度考上了本院的本科。她在读大学期间一直专注于青少年素质教育，毕业后也继续致力于青少年的素质教育及心理健康。

2010 年 9 月，她收到了中科院心理所硕士研究生的录取通知书。2014 年 4 月，获得国际心理咨询师资格认证。李智华正式加盟郑州诗妍鼎洪教育集团组办的“教育 · 中国演讲团”，李智华作为演讲团中最年轻的讲师，她用自己坎坷的人生经历，自强不息、努力拼搏的顽强精神和博大的感恩情怀，激励了很多人，在国内教育界引起了很大反响。

李智华的经历告诉我们，积极的心态、乐观向上的人生态度、蓬勃向上的生命力，是人战胜一切艰难困苦的精神力量。有了这种精神力量，人活着才有价值、有意义，最终能够创造出属于自己的灿烂明天。正如她在励志演讲中所言：“即使生活不热爱我，我也要热爱生活，最终让生活爱上我”“每一个人的生命都蕴含着巨大的潜能和力量”“在生活的道路上，谁都会遇到困难和挫折，就看你是否能够战胜它。如果战胜了，你就是生活的强者”“每一次困难来临的时候，我都告诉自己，大家能做到的，我一定行”“每一个期待自己可以更好的人，都可以绽放出生命力量”……

正是这种积极的心态和人生态度，使李智华战胜了人生道路上的重重困难。如果我们的大学生能够像李智华那样具有积极的心态和人生态度，就一定能绽放出自己的生命力量，成就精彩人生。

二、明确的目标

所有成功者都有着明确的目标，且始终向着目标去努力，不放弃自己的目标。他们坚信目标能够实现，不会因为眼前的诱惑迷失自己的目标，具有对目标的坚定性。在日常生活中，许多人之所以不成功，最重要的原因是缺乏明确的目标，不知道自己该干什么不该干什么，能干什么不能干什么。他们往往抱着跟风的心态，在跟风或与别人的比较中迷失自我。人家做什么挣钱，他就跟着去做，但当他做的时候，挣钱的时机已经过去了，忙来忙去，结果白忙活，一事无成。

这就告诉我们，要想成功，首先要知道自己能够干什么，应该干什么，不要跟风，更不要盲目从众。成功的人都是如此。在他们看来，别人干什么与我没有关系，我只考虑我的目标怎么实现。你干这个能挣钱，但我干这个不一定能挣钱，所以始终明确自己的目标，并朝着目标去奋进。

一个人的眼界决定了他的未来，眼界宽者其成就必大，眼界窄者其作为必小。在现实生活中，有的人缺乏理想，不敢轻易冒险，结果只能守着自己的“一亩三分田”勉强度日；有的人好高骛远，不切实际，想要一蹴而就，结果四处碰壁，前途暗淡。这说明，要想成功，首先必须要树立一个明确的目标，并朝着这个目标坚持不懈地奋斗，同时，要为自己的梦想准备基金，人活着就得生活、工作，不能为了理想而饿肚子，因此要学会迂回，一边工作一边汲取经验教训，等到了一定的程度，自然就会水到渠成，瓜熟蒂落。

三、多走些路

多走些路，实际上就是多做点事，并且在做事的过程中要不断积累经验和教训，通过对经验和教训的分析，不断地为自己的成功奠定基础。在奠定一定的基础后，就可以像孔子说的那样“随心所欲而不逾矩”，怎么做怎么成。在汲取经验教训时，既要汲取自己的经验教训，更要汲取他人的经验教训。由于我们不能事事都要经过自己的实践，汲取别人的经验教训就显得尤为重要。当别人成功时，我们要去分析他为什么会成功，他的成功对于我们来说有什么可以学习之处，对于我们有何启示。当别人失败时，我们要去认真地思考自己做这样的事情会不会失败，会不会犯他所犯的错误。由此我们就能从别人的经验教训中增长我们的智慧。

四、正确的思考方法

（一）善于运用与平常不一样的思考方式

善于运用与平常不一样的思考方式，是指寻找一种与惯常的思维方式不一样的新的思考方法和思路。换言之，就是改变自己的惯常思维。惯常思维是人们在日常生活中逐渐形成的习惯化的思维方式或模式，也可以称为习惯性思维。运用习惯性思维可以使人快速解决常规的问题，但也会限制人的思维的灵活性、批判性、创新性等，使人难以发现其他的可能性。许多人之所以缺乏创新性，其中最为重要的原因是他们习惯于使用惯常思维，而缺乏思维转换。众多的科学发现、新理论建构、新方法提出、新技巧产生等，都是突破惯常思维的结果。即使是日常生活中的一些小事情或小问题，例如脑筋急转弯之类的问题，用惯常思维难以解决，但若突破惯常思维，就容易理解或解决。

心理学家卢钦斯曾经做了一个十分著名的迁移实验。实验中要求被试用容积不同的量杯（A、B、C）去量一定量的水（D）。量杯容量及要量的水量如表 4-1 所示。实验组和控制组开始时都做第 1 道练习题，然后按要求解决其他几道题。实验组按顺序做全部的题目，而控制组只做 7 ~ 11 题。结果发现，实验组的被试由于先进行了一定的练习，并发现所练习的问题都可以应用三杯方法（即 D=B−A−2C）来解决，就形成了思维定式，直接将三杯方法迁移到后面问题的解决过程中，使后面解题的速度加快，问题变得比较容易。从这一意义上来讲，思维定式是迁移产生的一种积极的心理因素。但是，这种定式同时又阻碍、限制了其他更简便的解决问题的方法（即 D=A−C 或 D=A+C）的产生，使思维僵化、因循守旧，难以灵活应用其他有效的经验来解决问题。这种定式阻碍了将其他方法迁移于目前问题的解决，因此表现为一种负迁移。实验还发现，控制组的被试都使用了最简便的解决问题的方法。

表 4–1　卢钦斯量水实验表

题号	三个量杯的容量			要量出的水的容量 D	所用的量水方式
	A	B	C		
1	29	3	0	20	D=A–3B
2	21	127	3	100	D=B–A–2C
3	14	163	25	99	D=B–A–2C
4	18	43	10	51	D=B+A–C
5	9	42	6	21	D=B–A–2C
6	20	59	4	31	D=B–A–2C
7	23	49	3	20	D=B–A–2C 或 A–C
8	15	39	3	18	D=B–A–2C 或 A+C
9	28	76	3	25	D=A–C
10	18	48	4	22	D=B–A–2C 或 A+C
11	14	36	8	6	D=B–A–2C 或 A–C

（二）学会证伪

平常人们在思考或解决问题时，总是想方设法证明已有的想法、观念、立场或方法为真实或正确的，而不愿意证明自己的想法、观点、做法等是错误的，因此难以发现问题。人们的思考或研究都是建立在一定的认识水平、技术手段、立场观点等基础上。而一定历史条件下的认识、技术手段、立场或视界等都有一定的局限性，由此通过它们所获取的知识、方法、思想、观点等也就存在一定的局限性。概言之，任何人的知识、方法、思想、观点等都不可能绝对正确。有些是谬误的，有些是部分正确部分偏差，有些是在一定的视界或范围内正确而超出这一视界或范围就不正确，有些则是在一定历史条件下正确而随着时代发展逐渐变得不绝对正确，等等。正因为如此，才要求人们学会证伪，善用证伪思维去发现自己的知识、方法、思想、观点等存在的问题。

在日常生活中，存在一种自我应验现象，或者说是自我预言验证现象，它表现在生活的方方面面，包含思考方式。例如，在处理人与人之间的关系时，如果认为某人是一个什么样的人，那就会戴着有色眼镜去看这个人，很容易注意到并收集能证明这个人是这样一种人的事实或证据。而对那些与自己观念不符的事实或情况，通常会视而不见，听而不闻。这实际上是自我中心性的体现。在日常生活中，人们不由自主地或多或少都会有认知自我中心倾向，容易站在自己的立场、角度、价值取向、世界观、知识经验等方面看问题，通常认为自己的看法是正确的，而否定与自己的看法不一致的，由此容易出现认知偏差。由于每个人看问题的角度和立场都不可能与他人完全相同，因而人与人之间必然存在认知、情感、需求等诸方面差异，这些差异会造成人们在交往过程中相互理解的偏差。而理解偏差是人际交往的一大障碍，会导致人际关系出现裂痕直至恶化决裂。这种事例并不罕见，许多关系本来十分要好的朋友，往往会由一些小误会最终演变成势不两立的仇人。

中国有句话叫“以小人之心度君子之腹”，当然反过来也有“以君子之心度小人之腹”。小人不会想到君子那么好，而君子通常也不会想到小人那么坏。比如，如果你认为某个人很坏，糟糕透顶，那么他做的坏事，你就会很容易发现，进而强化你的想法：“我说这个人不行吧！确实不行。”但如果他做了好事，你通常也会视而不见，或做出另外的解释：“他不会那么好心，这只不过是坏心办好事。”当然，如果你认为某人是好人，他做的好事，你就会很容易地发现，以证明或强化你的想法。倘若他做了不好的事，你也通常会视而不见，或做出“他是好心没办成好事”的解释。

瓦森做过这样一个“证实偏向性”实验。实验中，主试要求被试寻找他心目中的已知规则，并先给被试呈现了符合规则的数列“2–4–6”，被试据此写出新数列，并依据主试对该数列是否符合规则所做的肯定或否定的反馈回答来推论。该实验允许被试提出无限多的假设并加以检验，但结果是被试的绝大部分假设都不符合真正的规则。其主要原因是：被试倾向于收集证实其假设规则的证据，而不是寻求推翻它的证据。其结果是限制了自己的假设空间和思路，而没有试图拓宽它，从而不利于问题的解决。通过研究，研究者普遍认识到证伪策略的重要性，创造者应该尽量形成那些能够通过实验来证伪或用事实来证伪的假设。

后来，哲学上和心理学上又提出证伪策略或方法，它是一种创造性的思考方法。它告诉我们，如果头脑中有某种想法的时候，要想办法证明头脑中的这种想法是错误的。倘若实在证明不了是错误的，那就说明它是正确的。最早提出证伪想法的是哲学家波普尔，他认为理论是否科学或是否能得出科学的结论的方法和标志不是证真或证实，而是证伪。后来这一思想被一些心理学家所继承并发展。一般而言，人们的认知倾向于证实或证真，从而不易导致假设的改变或新假设的产生，而证伪则容易导致问题空间的拓展、已有假设或命题的变化或新假设的产生。

（三）善于质疑和批判

善于质疑和批判，是指不要迷信权威或白纸黑字的书本上的知识。因为迷信权威或书本上的知识，可能会导致思维僵化，不能够提出新观点、新看法、新方法，或者限制自己的思维或想法。在各行各业里的成功人士一般都不迷信权威，他们通常对别人的哪怕是再成功的经验都会加以质疑或批判，由此才能真正理解别人的经验教训，并把他人的经验教训变成自己的成功台阶。

五、高度的自制力

大凡成功者，都具有高度的自制力，尤其是善于控制自己的欲望和情绪，而不是被情绪所控制。自制力对一个人走向成功起着十分重要的作用，“美好的人生是建立在自我控制的基础上的”。自制力主要表现在两个方面，一方面是使自己在实际的学习、工作中努力克服不利于自己的恐惧、犹豫、懒惰等，另一方面应善于在实际行动中抵制冲动行为。比如，控制时间，要列出一个时间表，使学习、工作等做到有规有矩，当我们能控制时间时，就能让自己每天的生活过得充实；控制思想，不能让自己的思绪漫无天地，应该把注意力集中在自己现阶段的学习和工作上，集中精力的程度越高，学习和工作的效率就越高，自我成功感也越高；控制目标，定下学习和工作的小目标和大目标，就一步步地去努力实现，而不被任何困难所阻碍或压倒；控制自己的行动，每个人都必须为自己的行为负责，努力地拼搏，只有拼搏，才能有所收获。

六、培养领导才能

拿破仑·希尔认为，有领导才能，才能够带领别人不断地走向成功。在当今社会，单凭一个人很难实现成功，往往需要组成一个团队为着同一目标一起奋斗。在组成团队时，就需要有领导才能。具有领导才能，不在于什么事情都会做，而在于懂得管理。管理的最高境界是不管，但不管的前提是领导者能够把所有的岗位都安排好称职的人，让这些人各尽其职，做好自己的事。具体来说，领导才能主要表现在以下几个方面。

（一）恰当用人的能力

恰当用人的能力，即能够恰当地对人进行认识，并且对人进行合理使用的能力。能够合理使用人，首先你要恰当地认识人，谁在哪一方面行，谁在哪一方面不行；哪些人可用，哪些人不可用。这种能力叫知人之明。除了认识人，能不能恰当地使用人也很关键。如果把人才用到一个不适用的地方，那么他的作用就不能得到充分的发挥，这样的话，领导者也无法在人才的协助下获得成功。历史上有很多这方面的事例。比如说，项羽为什么会失败？当然有很多原因，但其中一个最重要的原因是不能知人善用。项羽麾下不是没有人，可以说是有很多人，但是由于自己不能够知人用人，导致了这些人才的流失。韩信原来在项羽手下，由于项羽没有认识到他的能力，他就投靠了刘邦，与他类似的还有吴芮、英布等人。这些事例表明，对于领导者而言，知人和用人的能力是非常重要的。要成为一个成功的领导者，不在于自己有多能干，而在于能否找到并恰当使用可以协助自己成功的人。一个人即使再能干，毕竟孤掌难鸣，单靠自己的话，通常会失败。

（二）决策能力

在一些事情上，能否做出恰当的决策，或者说能否果断地做出恰当的决策，是领导者的重要能力之一。倘若该决策时不决策，犹犹豫豫，不该决策时乱决策，就有可能做出错误的决策，导致失败。

很多人失败并不是因为他没实力，他们中的大多数可能是既有人力资源又有财力资源，可以说资源比较丰富，但是因为做出错误的决策，而且在做出错误决策以后还发现不了，或发现了不愿承认，且为了证明自己的这个决策是对的，而投入更多的资源，企图使他的决策顺利实施来证明其正确。当投入大量资源后发现还不行，这时就更不愿意悬崖勒马了。就这样患得患失，不能果断做出决定，一直犹豫不决，贻误时机。

七、建立自信心

自信心非常重要，无论做什么，首先必须坚信自己一定能够做成这个事情。唯有如此，才会尽自己全部的心力和体力，把事情做好。否则，如果总觉得这个事情做不成，那就不会尽自己全部的力量去做。所以，不管最后能不能成功，在做这件事情之前和做的过程中，就一定要坚信它能够成功，如此才能够集中精力，为实现这一个目标努力奋进。

八、迷人的个性

什么是迷人的个性？首先要对自我有一个清醒的认知，要了解自己的优点和缺点；其次要有自信，时刻保持良好的情绪，保持微笑，保持积极。

具有迷人个性的人，往往性格开朗，敢说敢做，具有强烈的责任心和做事的果敢性，人们一看到他就觉得精神十足，如此就会吸引一帮有才能的人，聚集在你的身边。

一个好的领导者，一个好的成功人士，通常都不会是小肚鸡肠，而是能够宽容别人，敢于担当。通常情况下，当下属有了成绩的时候，不是往自己身上揽，而是把功劳让给下属；当下属没有做好事情时，敢于承担责任，不是他们没做好，而是自己领导无方，没有带领好。如此才能团结大家，让大家愿意跟他共事，愿意来帮助他。

九、创新制胜

人生中最艰难的是选择，工作中最困难的是创新。对于一个想要获得成功的人而言，能不能够创新，能否提出与大家平常观点不一样的看法，是非常重要的。有很多人的头脑中尽管不乏新想法、新观念，却总是因害怕别人笑话而不敢提出来，他们往往会想，“大家都是这样看的，我要提出这种新想法、新观念的时候，大家会不会说我是个疯子呢？”但成功者通常不会如此。他们总是积极地寻找新想法、新观念，并敢于提出来，予以尝试，不怕失败。

创新创业历来是少数人能成功的事，需要过硬的素质，那些虚荣心比较强而又不积极培养或提升自己创新创业素质的人，是不适合创新创业的，他们的创新创业必然会遭遇失败。创新创业者在许多时候都要经受常人难以忍受的挫折或失败带来的痛苦，承受极度的孤寂与烦闷，这就要求创新创业者具有较为强大的抗压力，没有一定顽强心理素质的人通常是无法承受这些的。

创新创业在很多时候得不到社会支持尤其是家里人的支持，独立性、自主性不强，意志品质薄弱的人很难坚守创新创业的全过程，很多人可能会半途而废。在创新创业的过程中，只有具有独立人格、自主精神的人，才能做到不盲从，始终相信自己的能力、尊重自己的选择并有勇气捍卫自己的观点，甚至不惜冒着受孤立、排挤和指责的风险而毫不动摇、勇往直前。

创新创业的最大特点是独特性。保持自我独特性，不追求自己力所不及的事情，不为自己做不到的事情而懊悔、遗憾，不嫉妒别人取得而自己无力取得的成就或事业，量己之力而行，保持一种平和之心，不迷失自我，这样才能发现自己独特的价值和用武之地。

十、充满热情

在工作或生活中，只要自己认可的事情，都要充满热情地去做，既不要看不惯这个工作，也不要带着功利心去做。除非不做，要做的话就要充满热情。

产生持久的热情的方法之一是定出一个目标，努力工作达到这个目标，而在达到这个目标之后，再定出下一个目标，再去努力达到，这样就可以使人一直维持挑战的热情。热情是一种意识形态，能够鼓舞及激励一个人对手中的工作采取行动，不仅如此，它还具有感染性，所有和它有过接触的人也将受到影响。热情和人的关系，就好像是内燃机和火车头的关系，它是行动的主要推动力，那些成功的人都是知道怎么鼓舞他的追随者发挥热情、产生热情的人。无论是从事什么工作，不管是处于顺境还是逆境，内心都怀着深切的热情，始终用不急不躁的态度去进行，只要抱着这种态度，任何人都一定会成功，一定会达到目标。热情是一种伟大的力量，你可以利用它来补充你身体的精力，不断地充电，并形成一种坚强的个性。热情不会一直维持在高峰，它就像电池一样，使用一段时间后需要重新充电，我们不管是在生活中还是工作中难免会有低潮期，热情相应地也会消退，此时应以正面自我对话的方式，调整低落的情绪，重新振作，恢复工作热情。当你和一群缺乏热情的人为伍时，千万不要受到他们的影响，反过来，你应想办法鼓励他们，替他们加油打气，一旦他们恢复士气，整个环境就会变得朝气蓬勃，你也会更加精神抖擞，充满热情与活力。热情就是成功的源泉，你追求成功的热情越强，成功的概率就越大。

十一、专心致志

专心致志是工匠精神的一个重要组成部分，是人们做好事情的一个重要心理条件。无论做什么事，一旦做出决定，就集中精力去做好，不要瞻前顾后担心失败。越是瞻前顾后，担心失败，失败就越会来找你。

孟子曾说："虽有天下易生之物也，一日暴之，十日寒之，未有能生者也。吾见亦罕矣，吾退而寒之者至矣。吾如有萌焉何哉？今夫弈之为数，小数也；不专心致志，则不得也。弈秋，通国之善弈者也。使弈秋诲二人弈，其一人专心致志，唯弈秋之为听。一人虽听之，一心以为有鸿鹄将至，思援弓缴而射之，虽与之俱学，弗若之矣。为是其智弗若与？曰：非然也。"[①] 在这段话中，孟子明确告诉了我们专心致志的重要性，就连下棋这样的小技艺，如果不专心致志地学习也学不会，更何况做大事情呢？

专心致志是要人们专心于做事的过程，全身心地去做事。就好像钓鱼一样，只享受钓鱼过程，获得其中乐趣，而不在乎是否钓到鱼，钓多少鱼。专心过程是指专心于怎么去做这件事，怎么把每一步或每一个环节都做得比较好，或者说做得尽可能好。也就是说，无论做任何事情，不要先考虑结果，若总是想着失败，通常就会失败，因为它会形成一种心理恐惧，使人不能够充分调动身体和精神力量，来完成任务。比如考研，不能

---

①语出《孟子·告子上》。

总想着考不上怎么办，而要专注于今天要学什么，把今天要学的学好，明天要学什么，就把明天要学的学好，至于考上或者考不上，跟现在没有关系。这就是专注于学习过程，不去考虑将来可能得到什么结果。在这样一种情况下，就会着眼于一步一步地把每个环节、每个步骤都走好，如此成功的概率就大大增加了。

十二、富有合作精神

合作是两个及以上有差异性的个体之间为了实现各自目标或满足各自的需要而相互配合、协调一致。它需要如下几个条件。

（1）合作各方都有合作的愿望，否则，合作就不能得以实现。

（2）合作各方都能通过合作满足各自需要或实现各自目的，如果只能满足一方的需要而不能满足其他合作方的需要，合作关系就建立不起来。

（3）合作各方分别有互补性的合作能力，比如说我会的你不会，你会的我不会，那你会的正好弥补我不会的，我会的正好弥补你不会的，这样这有才能合作；否则我会的你也会，我不会的你也不会，合作就不能形成。

（4）合作的效果要大于各方各自为战时的效果之和，形成系统效应。

（5）各方相互配合、协调一致。

从系统论的角度讲，系统遵循非加性规律即 $1+1 \neq 2$，系统功能不等于各个构成系统的因子功能之和。若各因子能够密切联系、相互配合，就会形成较好的整体效应；若各因子相互内耗，就会使系统的作用大大降低。系统要具有良好的整体效应，其组成因子必须有相互关联的运动或协调一致的状态变换，因子之间形成相互适应、相互协调的关系。相互适应与协调既意味着共场的形成，正是共场联结着各因子，制约并协调着它们的运动变化，又意味着各组成因子能够保持各自的性质，形成互补型的合作关系。

历史上，一些人之所以成功，除了志同道合以外，很多时候是呈一种互补关系。比如说刘邦为什么能打下天下呢，就是因为他善于用人，能够相互弥补对方的不足。像张良善于运筹帷幄，韩信善于带兵打仗，萧何则是管理各种事务比较在行，而刘邦有什么特长，能够让大家愿意追随他呢？他的最大特长就是韩信所说的“善将将”，即善于用人。

人们为什么要合作？是为了提高效率，能够取得更大的成绩。假如说一个人做一件事情挣 100 万元，要用三年时间；而三个人合作，同样挣 100 万元，从时间上说就不能超过一年；若时间一样，那三个人合作，三年就至少得赚 300 万元。这是合作的前提。合作就是要提高效率，提高成就，否则就不需要合作，或者说合作没有意义。

一个人不能做，或者能做但效率不高，在这时候才会与别人合作。比方说，两个人分别做一件事情都做不成，但两个人合起来这件事情就能做成。如此他们俩才会合作。

不过，要想合作成功，还需要有合作精神，要愿意与别人合作，能够与别人合作。首先是愿意不愿意，如果你压根不想跟这个人合作，那么合作起来也没意义，也不会有好的效果。其次是是否具备合作的能力，只有具有合作能力，能有效完成所分配给的任务，合作才能顺利。

在现代社会，一个人的成功离不开其他人，用俗话说就是需要贵人相助。什么是贵人？贵人就是能在成功之路上给予你帮助和支持的人。那么，怎么获得他人的支持呢？以下几点值得注意。

（1）每一个人都不是全能的，不是什么事都会做的，而且总是有缺陷的，这就需要去找那些能够弥补自己缺陷的人来进行合作。换言之，你要认为自己什么都能干，就没有合作之心，就不用找合作伙伴了；你若认为自己有缺陷，并认识到缺陷所在，那你才有合作之心，才会想去寻找弥补你缺陷的人。

（2）人都是有差异的，这恰恰是合作的基础。每一个人在合作的过程中，都要具有相应的参与合作的能力。甲有这方面的能力，乙有那方面的能力，这样甲乙双方才能相互配合把事情做好。

（3）在合作中彼此之间要相互接纳对方，认为对方都能在合作中做出相应的贡献，不要不认可、不相信对方，否则就不要合作。

十三、正确看待失败

在成功的道路上，失败一定是难免的。那么，在失败时应保持一种什么心态呢？

（1）要认识到失败是暂时的，成功是肯定的。

（2）不退缩，不放弃，跌倒了，要勇敢地爬起来。

（3）总结经验，吃一堑长一智。比如，同样的骗局，受骗一次，第二次、第三次还受骗，那这怨谁呢？是怨骗子太聪明了，还是怨自己笨呢？所以，在遇到失败时能够不断地总结经验教训，增长自己的智慧，是决定能否成功的很重要的因素。

（4）积极寻找恰当的方法，来补救失败，使失败造成的损失最小化。

（5）积极寻找在失败过程中可能存在的副产品（比如某个机会、某个经验），虽然看起来是失败了，但能够从中认识到这样一个副产品，那也是另一种成功。

十四、永葆进取心

知足与不满足于现状，我们应该如何拿捏？要先懂得珍惜，才有资格去升华。不认同现在，那么理想永远在明天；只满足现在，那么明天永远不会进步。满足现状，是因为知足常乐的心态可使我们始终保持一种愉悦积极的心态，而不满足现状，相信自己还能够做得更好，还需要完善或改变，则会促使我们不断进取。满足现状可以，但若安于现状，那就会不思进取，甚至可能产生所谓“急流勇退”的想法，生怕无法实现自我超越使自己现有的状况不能保持，由此畏首畏尾，无法放开手脚大胆做事。如果我们期望并努力实现一天比一天好，那么，无论是在生活、工作、学习还是人际交中，都要向更好的方面去努力，向更好的方面去做。

永不满足，永葆进取心，还意味着永远不会满足现有的成就，要为自己不断设立更高的目标，不断地朝目标去奋进。实现一个目标，就再确立一个新目标，如此才会感到有成就感、价值感。正如人们常说的：“逆水行舟，不进则退。”你不进步，别人在进步；你不进步，社会在进步。到了最后，你就可能会被他人赶超，被社会淘汰。20 世纪 90 年代，在“下海”大潮的席卷下，有些人觉得自己没什么可输的，就勇敢地投身商海，结果越混越好；有些人则因为工作不错，不想改变或提升自己，结果慢慢发现自己的同学、儿时伙伴等，都逐渐比自己强了，自己却变得越来越差。实际上并不是他变差了，而是别人进步了。那么，要使自己不落后，怎么办呢？就是永远怀着一颗进取心，永远想着做得更好。

十五、合理安排时间和金钱

（一）合理安排时间

合理地安排时间，是要让自己的时间有张有弛，而不要总是那么紧张，没有时间吃饭，没有时间休息，没有时间照顾孩子，没有时间散心。总是觉得自己的时间非常紧张的人，他的视野一定不太开阔，没有对自己后边要走的路、要做的事做过认真的思考和分析。

与此相反，有些人的时间多，但这个不愿干那个不愿干，或是这个也想干那个也想干，由此会出现两种结果：一是什么也不愿干，觉得无聊空虚；二是不知道究竟干什么好，由此出现双趋冲突乃至多趋冲突。

在很多时候，人们不是没事可干，而是有很多事情都想干，这也是时间冲突的一个重要方面。因为在同一时间内不可能干这么多事情，把想干的事情都去干了，如此就会产生一种内心的冲突、煎熬。这也是不合理安排时间的一个方面。因此，合理安排时间一定要分清轻重缓急。

另外，无论在什么时候，都要有“要事第一”的意识，养成一种先做要事的良好习惯。“要事第一”被许多人视为成功素养之一。在日常生活中，有很多人忙于大事而忽略了小事，由此造成“小事没做好，大事做不了”的情况发生。也有一些人忙于小事，虽每天忙忙碌碌，累得不行，却没有做出什么成绩，没有成就感。

其实，要事体现的是人做事的目标和方向，我们之所以在有些时候没能做到“要事第一”，不外乎有以下几个主要原因。

（1）迷失了自己的目标和方向，不知自己该做什么。

（2）认识到了要事，但不知如何下手。

（3）认识到了要事，但可能觉得并不急，也可能觉得把小事做好了，要事自然也就做好了。

比如有一些大学生，进入大学时总觉得自己各方面都需要锻炼，加入了许多社团或学生组织，结果每天忙得不亦乐乎，把自己弄得很累，贻误了学业。也有一些考研的学生总觉得有很多材料都需要看，总嫌自己没有时间，看不过来，恨不能有分身之术，这也看，那也看，忙忙碌碌，但没有抓住重点，特别是自己所欠缺的考研必需的内容。针对这种情况，应记住：做任何事情都首先应挑出大事要事，平衡重要的角色关系；致力于协调重大关系，重要目标，决不能为小事牺牲大事，即使是那些看起来很急的小事。

时间是公平的，每人每天都是 24 小时。而成功者总能挤出时间，失败者总在感叹没有时间。

威尔福莱特腰缠万贯、家资无数，但他总感觉生活中缺了点什么东西似的，于是他想起了自己儿时的梦想。

他小时候曾经梦想着成为一名画家，但因种种原因，他已经数十年都未拿过画笔了。现在去学画画还来得及吗？现在的自己还能有那些空闲时间吗？他犹豫着自问，但想来想去，最后他还是决定每天抽出一个小时来安心画画。

自从下定了这个决心，一向以毅力著称的威尔福莱特再次显露了他的特长——虽然很忙，可他还是每天都抽出一小时来画画并坚持了下来。多年以后，这位半路出家的学画者已经在绘画上得到了不菲的回报：他曾经多次举办个人画展，在油画方面的成就更是非常突出。其实他以前从未接触过油画，一切都是从他下那个决心开始，然后靠每天一小时的积累完成的。

每天抽出一个小时来画画，对于一个大企业的负责人来说，要想真正做到这一点并不容易。为了保证这一小时不受干扰，威尔福莱特每天早晨5点钟就得起床，一直画到吃早饭为止。他后来回忆说：现在想想，那也并不算苦，因为自从我决定每天都学一小时画之后，一到清晨那个时候，渴望和追求就会把我唤醒，想睡也睡不着了。

数年来，威尔福莱特从未放弃过早晨那一小时，时间也给了他惊人的回报——他的收入又多了一个来源。而他则把这一小时作画所得到的全部收入变成了奖学金，专门奖给那些搞艺术的优秀学生们。“钱并不算什么，从画画中所获得的启迪和愉悦才是我最大的收获。”威尔福莱特如是说。

这个故事告诉我们，如果有梦想，虽然梦想短时间内实现不了，但只要我们有实现梦想的强烈愿望和毅力，就能挤出时间去做实现梦想的事情，最终梦想一定能够实现。在日常生活中，总是有些学生抱怨没有时间，时间不够用。究其原因，要么是把时间浪费在了无关紧要或不太重要的小事上，要么是因为对专业不感兴趣而不愿把时间用在学习上；要么是把时间浪费在了吃喝玩乐等生活享受上。其实，时间都是挤出来的，我们若想做我们认为的重要事情，再忙也能抽出时间。说没有时间，只是为自己不愿做找借口而已。

如何合理安排或使用时间，应该依据自己的人生目标和方向来统筹。相比于中小学生，大学生们有了更多的自由支配时间，使他们有时间对自己的人生进行思考和规划，不像之前那样只考虑学习，无暇顾及其他。但也正因为开始对人生进行思考，反而在一定程度上会使他们产生迷茫、无所适从感，有劲无处使，生活没有活力，处于浑浑噩噩的状态。而一旦在精神上失去了方向，没有一个目标定位，就会使他们不知如何恰当利用和安排自己的时间，导致时间白白浪费。这也反映出根据人生目标和方向统筹安排自己的时间，对于大学生的重要性。

（二）合理安排和使用金钱

金钱永远是我们幸福生活快乐生活的手段，而不是目标。若把金钱当作目标，那就会受到金钱的奴役。

在日常生活中经常存在这样一个误区：没有恰当地驾驭金钱，让金钱为生活幸福、快乐服务，反而让它变成了折磨自己的东西。比如一些人已经有了不少钱，但总是觉得不如别人多，于是就拼命地去挣钱。为了挣更多的钱兼职多份工作，把自己搞得每天精疲力竭，到头来钱是挣到了，但身体全垮了。也有一些人挣来钱了，却不舍得花钱，仍然不断地去积累财富，花去一点钱，就心疼得不得了，就像美国作家尤金·奥尼尔《榆树下的欲望》的主人公凯博特那样。这个人非常吝啬，只想着经营农庄挣钱，却不愿花钱。在他看来，妻子是他获取财富的捷径，儿子是为他干活的奴隶。他要求儿子们拼命干活，却不打算将财产留给儿子。他是农场的主人，却被农场所奴役。为了农场，累死了自己的两任妻子，招致儿子们的憎恨谩骂甚至诅咒。他在金钱欲中失去了人性、温情、真诚、信仰等，最后导致众叛亲离。这个作品，实际上是告诉我们要明白自己的人生目的和意义。人生的目的和意义是幸福快乐，工作挣钱是为这一目的服务的，如果获取财富反而让人失去幸福快乐，那还不如不获得财富。

有了钱，但总觉得不够，这也是不能合理使用金钱的表现。比如一个人，他手里有200万元，存到银行吧，嫌利息太低；去炒股吧，又怕赔了；炒房吧，看现在的形势也不敢投入。所以他总是在为钱担心，没有找到一种合理使用金钱的方式。如此，金钱不仅没有使人幸福，反而成为一种负担，其实质是金钱异化问题。所以我们一定要明确金钱是干什么用的，想挣钱是正常的，没有人不喜欢钱，但是有了钱，应让它成为工具和手段，要学会恰当地去使用它。对于金钱来说，没有什么够不够之说，你一个月挣几千也能过安稳日子，关键是看你怎么利用它，而不是像有些人那样，一年挣几十万上百万，生活也很紧张。

合理使用金钱，就是“好钢要用在刀刃上”，这与前面讲时间时提到的“要事第一”是一个意思，在用钱上也是“要事第一”。把钱用在最需要的地方，这样钱财才能发挥最大的功效。

其实，任何事情要想把它做好，都必须抓重点，抓主要矛盾。抓住并解决了主要矛盾，次要矛盾也就相应而解了。常言道：人尽其才，物尽其用，物善其用，利用厚生，都是强调要把财物用在最该用的地方。

十六、保持身心健康

健康不仅仅是身体没有疾病，而且应当重视心理健康，只有身心健康、体魄健全，才是真正的健康。无论做什么工作，首先要使自己健康，然后在健康的基础上，再努力工作追求成功，而不是以自己的身体健康为代价超负荷工作，最终得不偿失。

人生在世，需要追求的东西很多，但是能够在这个世界上享受人生快乐而健康生存的人，都是专注于某一事物而收获成功的人。由于有了明确的追求目标，他们的生活变得充实而富有意义，从而能够有效排除各种消极情绪和外界的不良干扰，规律地生活起居，从而精力充沛、生机勃勃，这是确保健康的最重要的精神力量。

明确目标，追求人生成功，是获得身心健康的要素之一，而心胸广阔、宽以待人，则是人永远年轻、健康、快乐的添加剂。我们都知道，心胸宽大的人都比较快乐，因为你的宽宏大量，无私助人，你通常也会得到一些你意想不到的回馈，从而获得越来越多的快乐，你的身心也就会越加健康。

良好的生活习惯会使人终生受益，对健康的价值更是不可低估。成语“张弛有度”，就是告诉人们要懂得生活，劳逸结合，该工作的时候工作，该休息的时候休息。只有会休息的人，才会更好地工作。如果一个人长期处于紧张的学习工作状态，就可能导致身心疲乏、不堪重负，甚至影响到自己的身心健康，反而使自己不能更好地进行学习、工作。

十七、养成良好的习惯

良好的习惯对于成功来说是非常重要的。有一句话叫“三岁看大，五岁看老”，其实“看”的就是一个人有没有形成好的习惯。其中有两个习惯非常重要：一个是自己的事情自己做，而不是自己的事情让别人做；二是先干正事，再做其他事。有一位同学，考上了国内某知名大学的本硕博连读。他之所以能取得这一好成绩，与他的好习惯是分不开的。从小学一直到高中，每天下午放学以后，他都会放下书包，去操场跑几圈，然后回去写作业。这种习惯在大家看来是很平常、很简单的，但也就是这些看起来很平常、很简单的习惯，往往会影响人的一生。为什么这么说呢？因为习惯一旦形成，做事情就会非常容易。

其实对于大多数人来说，也都知道良好习惯的重要性，但就是不能够坚持，或者说缺乏某种毅力。如果三天打鱼两天晒网，没有形成一个良好的习惯，做任何事情可能都很难成功。举个简单的例子，早上起来跑步，今天跑一天，明天再跑一天，后天歇一天，过两天再跑，这就不会养成习惯。但若每天坚持跑，形成习惯以后，就会不由自主地跑下去，这是惯性使然。一旦形成习惯，你不做这件事，反而觉得不舒服。

第二节 成功的核心素养

随着我国社会的发展和科学技术的进步，我国的经济模式逐渐由粗放型转向集约型。集约型经济的发展需要大量的高素养人才，由此核心素养被提到议事日程上来。2014 年教育部印发的《关于全面深化课程改革落实立德树人根本任务的意见》，首次提出“核心素养体系”，开始将核心素养作为重要的育人目标，明确指出“研究制订学生发展核心素养体系和学业质量标准……提出各学段学生发展核心素养体系，明确学生应具备的适应终身发展和社会发展需要的必备品格和关键能力……依据学生发展核心素养体系，进一步明确各学段、各学科具体的育人目标和任务，完善高校和中小学课程教学有关标准。”其中，各学段的核心素养有共同性，又有一定的侧重，就高等教育而言，就是要培养大学生的核心素养。

一、国外几种主要的核心素养概念分析

（一）OECD 的核心素养概念分析

OECD（Organization for Economic Co-operation and Development，经合组织）将核心素养定义为：“覆盖多个生活领域的、促进成功的生活和健

全的社会的重要素养。”“是在特定情境中，通过利用和调动心理社会资源（包括技能和态度），以满足复杂需要的能力。”这一概念从个体成功与社会成功两方面界定个体在全球化、信息化社会生存和发展需要具备哪些素养，解决的问题主要是人对未来社会成功适应需具备的素养问题，旨在培养学生成功适应社会的健全生活能力或素养。该概念把核心素养视为以创造与责任为核心的跨领域、多功能的高级心智能力，确立民主价值观与可持续发展为素养的价值基础，认为素养不是先天而是后天养成的，核心素养具有超越知识和技能、反思性、其所包含的各因素结合起来发挥系统作用等性质。这都触及了核心素养的本质。但它主要是针对西方发达国家提出来的，要解决的问题是个体和社会在经济上的成功，对于我国学生来说还有些欠缺，其基本内涵不够全面，尤其是未包含文化心理素养。

依据上述概念，OECD 核心素养指标框架从社会愿景和个人生活需求两方面出发，形成了包含互动地使用工具、自主行动、在社会异质团体中互动三个维度素养，每个维度又包含三大指标。互动地使用工具包括互动地使用语言、符号和文本，互动地使用知识和信息，互动地使用技术。自主行动包括在复杂的大环境中行动，形成并执行个人计划或生活规划，保护及维护权利、利益、限制与需求。在社会异质团体中互动包括与他人建立良好的关系，团队合作，管理与解决冲突。三个维度的素养相互关联，共同组成一个系统。这一核心素养的结构有些宽泛，未能真正体现出“核心”的概念。

（二）欧盟的核心素养概念分析

欧盟在题为《知识经济时代的核心素养》的研究报告中把核心素养定义为：“一系列知识、技能和态度的集合，它们是可迁移的、多功能的，这些素养是每个人发展自我、融入社会及胜任工作所必需的。”这一定义恰当地把核心素养界定为可迁移的，是当代人所必须具备的，但并没有涵盖人们获得美好生活，在社会中找到用武之地以实现自我价值的内涵。

依据上述概念，欧盟的终身学习核心素养框架包含母语交流、外语交流、数学素养和基本的科技素养、数字化素养、学会学习、社交和公民素养、主动与创新意识、文化意识与表达等八项核心素养，每项素养分别包括知识、技能和态度三大方面。欧盟的这一核心素养框架主要是从人适应社会的教育教学目标上进行结构化的，其知识、技能、态度与布鲁姆的三大教育目标完全一致。这一指标体系未能完全反映出核心素养的结构指标和内容。

（三）美国的核心素养概念分析

美国依据本国的情况，在OECD概念的基础上，将核心素养定义为“是所有学生或工作者必备的能力”。这一概念具有美国特色，是基于美国社会发展而提出的概念。该概念强调培养人的创业精神和创新创业能力，以适应社会经济发展的需要，同时着眼于职业和行业发展需要，强调人们对不断更新且随着社会发展变化越来越快的职场的适应性，体现出美国的实用主义思想。

根据上述概念，联合国教科文组织和美国布鲁金斯学会联合发布的《全球学习领域框架》，在联合国教科文组织的五大终身学习支柱的基础上，提出身体健康、社会情绪、文化艺术、文字沟通、学习方法与认知、数字与数学、科学与技术等七个维度。随后，又根据联合国教科文组织的国际教育分类标准将该指标体系细化为学前教育、小学教育和初中教育三个阶段，各阶段的指标有所差异。这一指标体系主要还是知识文化素养方面的，更像是教育教学目标体系，未能真正阐明核心素养的结构内容。

二、教育部核心素养课题组的核心素养概念分析

教育部成立的联合课题组对核心素养进行了为期三年的研究后，将核心素养界定为："学生应具备的能够适应终身发展和社会发展需要的必备品格和关键能力。""是关于学生知识、技能、情感、态度、价值观等多方面要求的综合表现，是每一名学生获得成功生活、适应个人终身发展和社会发展都需要的、不可或缺的共同素养，其发展是一个持续终身的过程，可教可学，最初在家庭和学校中培养，随后在一生中不断完善。"该概念包括文化基础、自主发展和社会参与等维度，每一维度又包括两个方面，形成6个指标，每一指标又细分为3个子指标或要点，形成18个子指标。

该概念恰当地把"核心"界定为必备的、关键的，从人的终身发展视界进行界定，把个体发展与社会发展结合起来，把学生的全面发展作为核心素养的要旨和根本目标，并说明核心素养是可教可塑造的。该概念厘清了核心素养的本质属性和基本特征，相较于前述的几种核心素养概念，它更加全面，结构更加完整，对科学理解核心素养具有十分积极的意义。

它对科学性的强调启示我们，核心素养中必须体现当代科学技术发展对人的素养的基本要求，如科学精神等。它对时代性的重视启迪我们，核心素养必须体现当代社会发展所最需要的人的基本素养，这是人在当代社会立命之本，是人在当代社会存在和发展的前提。随着信息社会的发展，匠心尤其是工匠精神对社会和个人的价值日益凸显出来，因此，依据时代性特征，应把匠心尤其是其核心工匠精神作为核心素养的组成部分。在该

概念中最值得关注的是它对民族性的凸显。这明显有别于前述的西方概念，启发我们要在中国学生的素养中融入中国文化心理品质。

三、基于构成核心素养的基本概念的分析

为弄清核心素养的概念，有必要从构成它的“核心”和“素养”两个词去分析。

核心意为“中心，主要组成部分”。这说明核心素养是人应具备的中心素养或关键性素养，而不是全部素养。概言之，核心素养是素养的核心。

在一些权威性的字典或词典中，素养中的“素”有多种含义，不过与“素养”一词有关的含义主要有“根本性质的”“构成事物的基本成分”“一向、平素”等。依据这些含义，可以说“素养”就是人应具有的平素养成并一贯表现出来的基本素养。

在字典或词典中，“养”有多种含义，其中与“素养”有关的含义主要有“培植、培养、使身心得到滋补或休息以增进精力或恢复健康、修养”“教育、熏陶”“生养、蓄养、贮存”等。依据这些含义，可以看出“素养”的概念至少包含如下内容。

（1）在后天生活中形成。

（2）是个人修炼和教育、熏陶的结果。

（3）是个体所具有的修养。

（4）是个体在生长发展过程中逐渐积淀贮存下来的品质。

依据上述分析，可以看出“素养”具有如下基本特征。

（1）素养是在后天形成的，具有可塑性。

（2）素养形成是个体与环境交互作用的结果。后天环境是外因，个体自身因素是内因，是素养形成和发展的关键性因素，素养的形成最终取决于个体的觉悟与修炼，依靠个体的觉悟和消化吸收。

（3）素养主要是心理或精神素养。

基于上述有关概念分析，可将核心素养定义为："人在后天生活中，通过社会教养和个体自我修炼而形成的动态的人所必备的具有统摄性的关键素养或中心素养。它是人在社会生活中不断超越，实现自我和社会双重价值，获得美好生活所必须具备的素养。"该概念包含如下内容。

（1）核心素养是在后天形成的。

（2）核心素养是社会和个体自身共同作用的结果，其中个体的作用更为关键。

（3）核心素养是人必备的基本素养、中心素养或主要素养，而不是全部素养；它具有统摄作用，制约其他素养的发展。

（4）核心素养是人把社会和自我统一起来，实现自我和社会双重价值所必备的素养。

（5）培养核心素养的根本目的是满足人们对美好生活向往的需要。

（6）核心素养处于动态发展的过程。

（7）核心素养兼具传统性、时代性和未来性，包括历史上形成的传统积极素养、当代社会发展所需要的中心性素养，以及未来社会发展所需要的关键性素养。

（8）核心素养兼具民族性和世界性。民族性是指具有本土或民族特色，体现出核心素养的文化特殊性、差异性。它是作为特定民族的人所必须具备的中心型或关键性素养，如中华民族的自强不息、厚德载物精神。世界性是指素养中的共性或普遍性部分，即世界上所有国家的人适应社会发展应具有的素养，它具有统一性或一般性。素养的民族性与世界性是对立统一的，没有民族性就没有世界性，民族性是世界性以不同的方式或形式的表现。

四、中国大学生核心素养的结构

依据上述概念以及社会发展和大学生发展的需要，可将中国大学生的核心素养分为如下三个方面。

（一）中国文化精神

作为中国人的精神标识，我们的教育必须培养大学生具有中国文化心理品质。这既是中国文化的传承与发展的需要，也是大学生发展的需要，更是中华民族赖以存在和发展的需要。正因为如此，教育部核心素养专家组、林崇德、刘妍等都在大学生核心素养中体现“传承中华优秀传统文化，凸显人才培养的民族底色”。在文化的层级结构中，中国文化心理是中国文化的深层即核心，中国文化精神是中国文化心理的核心，可以说是中国文化的核心之核心，因此它是中国人必须具备的素养。中国大学生当然也不例外。

中国文化精神是中国文化的根和魂，即文化基因。鲁迅先生说：“中国唯有国魂是最可宝贵的。唯有它发扬起来，中国人才真有进步。”习近平总书记指出：“实现中国梦必须弘扬中国精神……这种精神是凝心聚力的兴国之魂、强国之魂。”数千年的中华文明，铸就伟大的中国精神，凭借这种精神，中华民族战胜了一个个艰难险阻，创造并不断发展优秀中国文化，对人类发展做出巨大贡献。这说明，中国文化精神无论是对中华民族的发展，还是对个人的发展，抑或是对中国优秀文化的传承与发展，都具有十分重要的价值。因此，应当把它作为中国大学生应当具备的核心心理素养。

郭齐勇教授在《中国文化精神的特质》一书中，提炼出中国传统文化精神的六个特质，即和而不同，厚德载物；刚健自强，生生不息；仁义至上，人格独立；民为邦本，本固邦宁；整体把握，辩证思维；经世务实，戒奢以俭。尤其是前两条，我们可以将其概括为自强不息和厚德载物，张岱年先生称之为中华民族精神。它是中华民族的宝贵而独特的精神食粮，能够给予人以精神支撑和依托，使人在内心深处产生一种归宿感和文化自信。正是依靠着这种自强不息、厚德载物的精神，中华民族才能屡屡战胜各种天灾人祸，并在其中增长智慧，为超越自我提供了强有力的精神支撑和不竭动力。

（二）名匠精神

名匠精神，即通常所讲的工匠精神，之所以用“名匠精神”，是因为它不是所有工匠具有的精神品质，而是名匠所具有的精神品格或精神特质。名匠是指有名的或著名的工匠，即做出显著成就的工匠。他们之所以能够做出一般工匠所做不出的成就，是因为他们具有一般工匠所不具备的精神品质。名匠精神是时代要求我们必须具备的素养，体现出大学生素养的时代性。世界发展对具有名匠精神的人才需求在质与量上都与日俱增，就我国而言，随着粗放型经济向集约型经济转变且后者日渐占据主导地位，需要越来越多的具有名匠精神的人才。正因为社会需要名匠精神，因此，如果个体如果想适应日益发展的社会并在社会发展中获得发挥自己价值的平台，名匠精神是必不可少的条件。

综合已有的研究，可以把名匠精神归纳为以下几个方面：敬业精神、创新精神、精益求精的精神、责任心、争一流心态等。

敬业精神是人们基于对事业、职业的热爱而全身心投入、竭尽全力做好工作的精神。敬业精神是人们建功立业的基础，是通过成就工作绩效而实现自我价值的前提条件和有力保障，是每个人事业成长和成功的根基。具有敬业精神的人，往往都热爱自己的职业，会积极主动地努力克服各种艰难险阻完成本职工作。它包括事业理想、立业意识、事业态度、事业情感、事业道德等几个方面。

创新精神是所有名匠都具有的品质，是当代社会尤其是信息社会或集约型经济发展所需要的品质。无论是社会还是个人，只有具备创新精神，才能不断地发展进步。它包括创新意识、创新兴趣、创新胆量、创新决心、创新思维等几个方面。

精益求精的精神是把事情做到极致的精神，是不断改进自己的技艺水平，在好的基础上追求更好而不断超越的精神。古今中外，任何一个人想把事情做好，成就一番事业，必须具有精益求精的精神。当代信息社会更是如此。只有具有精益求精的精神，才能避免浮夸不实、粗制滥造、得过且过。它包括超越精神、至善意识、补短板意识、改进与进取精神等几个方面。

责任的含义主要有二,一是人应做的分内之事，二是没有做好分内应做的事因而应当承担的过失。据此，责任心的含义也有两个相互联系的方面，一是做好自己分内之事的自觉性或承担责任的积极心理倾向或心理品质，二是承受错误或失败和勇于认错纠错的心理品质。有责任心的人，会自觉地按照责任要求去做，自觉主动地践行自己对他人、社会、国家的责任与义务；在出现错误、挫折或失败时能够积极主动地承担并认错纠错，弥补损失。它包括责任意识、担当意识、完成意识等几个方面。

争一流心态是指不甘人后，争做第一的心态。它是一种“会当凌绝顶，一览众山小”并为之不断拼搏进取的精神理念，要求人们不断确立越来越大的“第一”目标，并努力实现它。只有具有这一心态，才能不断地给人们提供不竭的前进动力。

（三）主体性素养

主体性素养实际上是教育部课题组、林崇德等人的核心素养概念中的自主性发展。这里是为了突出个体的自我主体性而提出。由于个体是素养形成与发展的内因，所以在核心素养中必须包含主体性素养。主体性素养主要包括个体性、生命意义、终身学习能力。

个体性是指个体认识到并发展自己的独特性，进而以一种不同于其他人的独立的实体而存在。个体性是个体心理学、精神分析的自我心理学、人本主义心理学、建构主义等心理学流派或取向特别强调的。在他们看来，人的存在首要的是发现自己的独特性，唯有这样，才既能保持一种独特性的自我存在，还能够走一条自己的发展道路，成就独特的人生。事实上，每个人都是与众不同的独立存在，人的发展和做出成就的首要条件就在于根据自己的独特性走出自己的路，知道自己能干什么不能干什么；该干什么不该干什么。

生命意义是关乎人的存在的一个重要问题。生命意义，既是非常重要的哲学问题、神学问题，也是重要的心理学问题，更是每一人的存在问题或人生问题。生命意义可以通过各种问题表现出来，比如：“人为什么活着？”“生命的真谛是什么？”“人生的价值是什么？”“人活着有什么意义？”这些问题都是对生命意义的考问和追寻。作为一个活生生的生命存在，人总是用生命意义或人生价值来说服自己和告诉他人，为自己活着或存在找到合理的理由，也为自己为了活着而承受任何艰难困苦提供勇气和智慧。正如德国哲学家尼采所言：“懂得为何而活的人，差不多任何痛苦都忍受得住。”

弗兰克尔把生命意义作为人在苦难中拯救自己内心世界的强大精神力量。他认为，生命意义的内涵体现在：第一，每个人在任何时候的存在都有其存在的意义；第二，其意义的意志存在于个人的心灵层面，并在任何处境中都保有意志的自由；第三，因为人们拥有自由，所以人人都有责任实现个人生命独特的意义；第四，生命的意义具有主观性与独特性。

陈秀云认为，生命意义是个体对自己存在目的和价值的感知，包括认知、动机和情感的成分。个人生命意义的认知是指对个体信念系统中有价值的东西和有什么价值的认知；生命意义的动机是指个体对自己认为有价值的东西的追求；生命意义的情感指个体对自己生活是否有目的、有价值的情感体验。

上述分析表明，生命意义是人对自己生命中的目的、价值的认识和追求。每个人的生命中都有一些独特的目的和核心目标，人们需要对自己将要做什么有一个清晰的认识，并为实现自己的价值而努力。可以说，生命意义是一个能让个体明确自己的人生价值和方向的人生目标。这一目标的实现，可使个体产生自己的人生是有价值的积极体验或感受；实现这一目标的过程，就是实现或体现自我价值的过程，即自我实现过程。通常，感到生命有意义的人内心非常充实、强大；而丧失生命意义或感到人生无意义的人，则会空虚无聊，不珍惜和尊重生命，产生诸多心理问题。

终身学习素养是适应信息社会和集约型经济发展的一个非常重要的素养。倘若不具备终身学习素养，就无法跟上知识信息更新的步伐，满足不了集约型经济发展的需要，由此就会被社会所淘汰。正因为如此，联合国教科文组织、经合组织、欧盟、美国、日本等组织和国家都把终身学习素养作为当代人必不可少的核心素养。这说明，“授之以鱼，不如授之以渔”在当代社会显得更加重要，并随着社会的发展将会愈来愈重要。

第三节　成功必备的几种心理素养

一、驭心力

驭心力是指驾驭或掌控自己的“心”的能力，它是避免外部诱惑、内心不平衡以及抵御外部各种诱惑或干扰而必须具备的心理素养。

对成败而言，有较强的驭心力，能够驾驭自己的“心”，就很容易排除外界干扰，不受别人的成败与言语等的影响，不跟风，始终把握自己的方向，按自己的“道”走，做自己该做的能做的，这样就容易成功。否则，驾驭不了自己的心，容易受外界事物或他人的影响，缺乏自己的主见，就很容易失败。可见驭心力对人的重要性，它决定着人的命运是否掌握在自己手里。驾驭住自己的心，命运就掌握在自己手里；若驾驭不了自己的心，命运就交给了他人或外物。是命运捉弄人还是人掌控命运，关键取决于人有没有驭心力。

通常，驭心力差的人往往会心随境转，容易受环境左右，受别人的影响，被别人控制。而驭心力强的人，则有较强的自我掌控能力，其心情或情绪由他们自己掌控，不受环境、他人的左右和控制。他们特别容易看到环境、事物、他人的积极一面，从积极的方面去理解、解释、归因所遇到的人和事，从而拥有积极的情绪。

人们心理不健康的一个重要原因就是驭心力差，这些人往往看不得别人有一点好，总是因为与别人比较，羡慕甚至嫉妒别人而迷失自我，经常处于心理不平衡之中，与消极情绪为伴，由此严重影响自己的身心健康。

而驭心力强的人，则对他人不盲从，他们相信自己的能力，尊重自己的选择并有勇气捍卫自己的观点，即使是众人对他看不懂，质疑乃至指责，也毫不动摇。驭心力强的人，能够找准自己的特点，走自己的独特之路；相信自己，不断给自己以鼓励；坚信自己能够克服任何艰难险阻，瞅准方向，坚定地走下去。这些都是保持心理健康，走向成功的必备条件。

二、定力

定力通常指的是精神专注，能排除各种干扰。心有主载，有定力，才不会因外界的各种干扰或诱惑而动摇。定力是与智慧密切联系在一起的，有了智慧，就会有定力；有了定力，使自己冷静了，才能更有智慧，明白什么是好什么是坏，什么能做什么不能做，什么该做什么不该做。正如诸葛亮所说："非淡泊无以明志，非宁静无以致远。"

比如，明白偷窃是违法的，这就是知（知者智也）；无论别人通过偷窃获得多大利益，无论别人如何骂自己傻或假正经，放着白得的财物不拿，自己都不为之所动，不去拿不属于自己或自己不该得的东西，甚至是别人拿的要分给自己的东西，这就是定。再比如，某学生知道抄袭是不对的，这是知；不管别人怎么告诉自己抄袭有多大益处，也不管别人都在抄袭并在其中获益，但自己就是不动心，不抄袭，这就是定。概言之，有了知，就知道什么对什么错，由此就能坚守自己的内在价值，不为外界的诱惑所动心。心不动就是定，即坚守自己的界限或底线。

定力是心不为任何外相所扰乱的能力，即正念坚固，不随物流、不为境转，心地清净，不被假象所迷惑，不为功名利禄而动心，不为他人的言行哪怕是侮辱性、诽谤性的言行而乱心生嗔的能力。

定力对于任何人来说都非常重要。修行悟道靠定力，成就大事获取成功靠定力，保持心理健康仍然需要定力。无论做什么事情，从事哪个行业，都需要定力。有定力，才能耐得住寂寞，经得起失败或挫折，不畏惧困难；才能敢坐甚至甘坐冷板凳，有所成就。反之，缺乏定力，就容易急功近利，为浮名近利所诱惑，被外物他人搅扰得心神不宁，被困难所吓倒，半途而废，吃不得苦，耐不得劳，心猿意马，心神慌乱。曾经在南京发生过这样的事：一些高考考生的家长怕树上的知了鸣叫、街道上的汽车轰鸣声等影响到孩子考试，于是把树上的知了赶跑，拦阻街道不让汽车通过。他们难道就没想过，孩子参加高考这样的重大考试，如果没有一点定力，还会受到知了鸣叫、汽车轰鸣声的影响，那他们即使能考出好成绩，但将来又能干成什么事？

宋代赵善璙在《自警篇·善处事》中说道："或问张无垢，仓卒中患难中处事不乱，是其才耶？抑其职耶？先生曰：'未必才识了得，必其胸中器局不凡，素有定力。不然，胸中先乱，何以临事？'"这即是说，定力对于人来说十分重要，即使是非常聪明的人，若没有定力，照样因心有所乱而一事无成。正因为如此，我们党对领导干部特别是高级干部提出了定力要求，要求他们具有政治定力、纪律定力、道德定力、抵腐定力四个定力。

三、自强不息

自强不息主要表现为：无论遇到任何艰难险阻，都毫不畏惧和退缩，而是想办法解决问题，在解决问题中不断成长，不断战胜并超越自我。自强不息中包含着自我超越、刚毅坚卓、发愤图强、拼搏进取、勇于克服艰难困苦、迎难而上等文化心理特征。

新冠疫情，对世界来说是一个巨大的难题甚至可以说是灾难。面对这样的巨大难题或灾难，中国政府和中国人民毫无惧色，迎难而上，想方设法战胜疫情，我们始终坚信打赢这场战役主要靠自己，这是自强不息精神在这场新冠疫情中的具体体现。在这一精神的支撑下，中国人民始终秉承“自己强才是真的强”的理念，不把希望寄托在他人身上，想方设法强化自己应对危机的能力。在自强不息精神的支配下，中国人民不断总结并汲取经验教训，探求更好地战胜疫情的战略战术，在克服艰难险阻中不断增长自己的智慧，构建了预防和战胜新冠疫情这样的重大社会危机的机制体系。英国 Demos 智库创始人之一马丁·雅克博士指出：中国人信仰的并不是“外力”，他们与西方人把命运寄托给神明不同，他们相信自己，相信人定胜天。这种信仰和思维方式，会使他们爆发出难以想象的力量，创造出不可思议的奇迹。

自强不息是一种自控精神，强调依赖自己，心理和行为以及解决问题的方法的原因和动力要到自己的内心去寻找。综观古今中外的成功人士，他们的身上都具有自强不息这种心理素养，正因为如此，才使得他们不畏惧任何艰难险阻，不断进步，进而成就一番事业。

四、厚德载物

厚德载物主要表现为对艰难困苦和外部压力的承受力和转化力，即无论遇到任何困境和巨大压力，都能够去承担，并把它转化为自身成长与发展的动力。就像厚实的大地一样能够承受和容养万事万物，在受到任何压力时都能提供抗衡压力的反作用力，压力越大，战胜压力的反作用力越大。孟子的“生于忧患，死于安乐”思想即是如此。通常，厚德载物指道德高尚者能承担重大任务，但实际上，它不仅包含品德，还包含坚韧性或毅力、宽厚、仁爱、承受力、忍耐性、宽容心和包容性等文化心理特征。

就这场针对新冠病毒的战役而言，中国民族表现出不可思议的承受力、耐受力以承载病毒所带来的巨大压力与冲击，用自己强大的转化力把“危”转化为“机”，把不利因素转化为有利因素。中国人民以广博的胸怀和宽厚的仁心，积极发挥负责任的大国的作用，对新冠肆虐的其他国家和地区进行帮助，与世界各国一起携手共进，共度危机。同时，中国政府积极主动地与世卫组织及其他国家和地区分享自己的经验教训，以帮助他们尽快更好地找到应对新冠疫情的方法或措施。所有这些，都是厚德载物的文化精神的最佳注解。

厚德载物是每一个想要取得成就的人都必须具备的心理素养。因为没有厚德载物，就无法承受巨大的艰难困苦和挫折失败，就会被它们所击倒，就更谈不上战胜它们而前进发展。比如，在获得成功尤其是创新创业的过程中会遭遇到众多且沉重的压力，在面对这些压力时，能否承受甚至把压力转化为动力，成为最后成功的关键。现今为什么有不少人会产生心理问题，究其原因，主要是他们不具有厚德载物的心理特质，或德不够厚，承受不了生活中的多方面重压。但也有一些人，虽然也承受着这些压力甚至是更大的压力，却不断地提升自我，超越自己，最终登上了成功的峰顶。这就是因为他们具有了厚德载物的心理特质，能够有效承受压力并实现压力向动力的转变。美国斯坦福大学的心理学教授凯利·麦格尼格尔认为：“最幸福的人并不是没有压力的人。相反，他们是那些压力很大，但把压力看作朋友的人。这样的压力，是生活的动力，也让我们的生活更有意义。”由此看来，是否具有厚德载物这一心理素养，在充满竞争和压力的创新创业时代非常重要。

对成功者和失败者的对比分析表明，二者的一个重要区别不是有否压力，而是能否实现压力的转化或改变。失败者通常难以实现压力的转变，压力就是压力，在压力尤其是重压之下，心理上难免出现紧张、焦虑、恐慌，以至于压力成为其生活的负担、成功的障碍。而成功者在面临压力时，通常会实现压力的转变，变压力为动力。对于压力的一些新近研究表明，压力会压死人，但也会成就人。美国学者凯里开展的一项历时 8 年的纵向追踪研究结果说明，压力对承受压力的人有害还是有益，并不取决于压力本身，而是取决于人们对压力的认知、态度以及对压力的转换。那些认为压力有害的人，感受到压力时，就企图逃避来应对压力。而认为压力有益的人则会主动积极地应对压力，面对压力迎难而上，如此就强化了应对压力的资源，对生活的挑战更有自信，会建立和维持更亲密的社交关系。对认为压力有益的人来说，在压力下不仅能够把事情做得更好更有效，而且更增强了他们的心理弹性和抗挫折能力，他们相信自己能够应对生活中的各种挑战，由此就会积极地去迎接未来可能遇到的各种挑战。

五、奉献精神

奉献精神是一种爱，是对自己事业的不求回报的爱和全身心的付出。对个人而言，就是要在这份爱的召唤之下，把本职工作当成一项事业来热爱和完成，从点点滴滴中寻找乐趣；努力做好每一件事、认真善待每一个人。有了奉献精神，就不会患得患失而束缚自己的手脚，才会不计个人得失地努力做事情。这样，才能真正把工作做好。

“不要问公司能为你做些什么，而要问你能为公司做些什么”，可以说，这句话非常准确地说出了大多数人在职场无法获得成功的原因。有很多人在工作中只关心自己的利益，总是用单位和别人能为“我”带来些什么作为做事的出发点，有好处的事就争着做，无利可图的即使是分内的工作，也会找各种借口推诿、拖延，这就是典型的缺乏奉献精神的表现。近年来，企业取才的关键已经从能力转为态度，最重视的是个人的敬业奉献精神、工作态度和团队合作，这对大学生今后的就业提出了新的要求。作为集体的一员，要转变观念，站在集体发展的立场，经常问自己能为集体做些什么，这样我们就会自发地去学习、去工作、去奉献，从而为自己带来更高的工作效率和更愉快的工作环境。最终你会发现，给予他人的越多，自己获得的也就越多。

六、合作精神

合作是指两个及以上有差异性的个体之间为了实现各自目标或满足各自的需要而相互配合、协调一致。在当今社会，由于社会分工越来越细，要求人们必须相互配合，这样对合作的要求就越来越高。只有具有合作精神，才能适应社会，并在社会中找到发挥自己价值的平台。无论是就业还是创业，我行我素，单靠个人的力量，是很难把所有的事情都做好的。合作精神是当代大学生必须具备的心理素养。

通常，在遇到不同意见时，不同的人会采取不同的态度，包括攻击差异、逃避差异、容忍差异、尊重差异、珍惜差异、善用差异、庆祝差异等。其中积极的态度由低到高分别是尊重差异、珍惜差异、善用差异、庆祝差异。只有具有这样的态度，才能从差异中获益，相互取长补短，形成合力。

合作就是把差异性的东西形成一种合力。比如，在《盲人摸象》的故事中，摸到象的大腿的，说象像柱子；摸到大象的身子的，说象像一堵墙；摸到象牙的，说象像一把刀；还有鼻子、尾巴、耳朵，各自都像不同的东西。这些人说得对不对呢？都对，但又不全对。说对，是因为他们感知到的确实如此；说不对，是因为他们感知到的都不全面。那怎样才能使他们的不全面变成全面呢？答案就是他们之间要相互交流，将各自的点整合成一个面。在日常生活中，人们通常都不愿意接受别人的意见，因为这样好像显得自己无能一样，结果往往导致在一些事上产生偏颇和不足。要改变自己的偏颇，弥补自己的不足，就应纳谏如流，从他人与己不同的意见中发现其合理性和自己的不足，并认真分析，有则改之，无则加勉。

七、反省力

按照中国传统文化思想，智慧要在烦恼中修，在解脱烦恼中得以增长。那么怎样在烦恼中修智慧呢？这就需要反躬自省。

反省是一种智慧，也是走向成功的必要条件。常言道："失败是成功之母"，这句话并不全对。它有一个前提，即"吃一堑，长一智"，在遭遇挫折或失败后，能够去分析原因，找出问题的所在，有所长进，增长智慧，避免同样的错误再次发生，才能通过一个又一个失败使自己最后不失败，即获得成功。日常实践表明，成功者之所以成功，不是因为他们没有经历失败，而是因为他们在失败时会积极寻找问题的原因，并找出解决问题的对策。

孔子说："三人行，必有我师焉；择其善者而从之，其不善者而改之。”[①]就是说，看到别人好的地方，就反观自己，看看自己有没有。如果自己没有，就要向别人学习；如果自己有，就要进一步强化。看到别人不好的地方，也要反观自己，看看自己有没有。如果自己没有，就继续保持并加强；如果自己有，就要改正。这样自己才能不断进步、提升。看到别人成功，不要只是羡慕嫉妒恨，而应去思考为什么他会成功，反省自己哪些方面存在不足，并朝着这些方面去努力；看到别人失败，也不应只是讥讽嘲笑，而应去分析他为什么会失败，自己将来会不会也因为这样失败，如此就可以避免重蹈他人覆辙。

反省是智慧的源泉。如果说知识源于看和思，那么可以说智慧源于反省或反思。反省或反思可以使人发现已有的思想、视界、思路、方法等的不足或局限，发现其他许多不同的视界、思想、思路、方法等，从而做出更有利选择，或对已有视界、思想、思路、方法等加以修正和完善；避免主观武断、行为固执乃至偏执、思想僵化和迷信，使思路更加灵活，思想更加活跃，进而发现更多新的可能和希望；更具进取的动力，不断开拓、拼搏、取证；及时发现错误或局限，既及时纠正它们，又预防今后再犯，使认识或研究更加科学合理，进而更有效；让思维、认识和思想走向深刻。

八、化功

化功是指把对自己不利的因素转化为对自己有利的因素，比如，把压力转化作动力，把困境变成磨炼自己的机会，把他人的嘲讽变成自己进取

① 语出《论语·述而》。

的动力，把挫折或失败变成自己走向成功的台阶，等等。化功是人们尤其是大学生健康生活和走向成功必备的心理素养。众多研究和人们的生活实践表明，逆境、挫折或失败等并不是什么坏事，在某种意义上可以说，逆境是来锻炼人的。换言之，人们之所以会遭遇逆境、失败或挫折，是因为自身还有缺陷或弱点，而这些缺陷或弱点正是我们成就大事的绊脚石。要剔除这些绊脚石，就必须通过苦难、逆境、挫折或失败的磨炼，把这些看似不利的因素或境遇变成我们的智慧。我们如果能够乐观地面对种种不堪遭遇，通过逆境或苦难克服自身的种种缺陷或弱点，就能驾驭自己的命运，成就一番事业。

有很多成功人士，他们在走向成功的道路上都会面临巨大的压力，不管是社会压力、生存压力，还是自我施压，但他们并没有因此被压垮，而是成功地把压力转化成动力。究其原因，主要是他们具有高超的化功。

当今的人们也都面临并承受着来自各方面的压力，诸如求学压力、求职压力、工作压力、升职压力、房贷压力、养育孩子的压力等，若不具有“化功”，将不堪重负，被压力压垮。现实中就有不少人因为不具有化功或化功较差，在生活的多方面重压之下产生了各种心理问题，但也有一些人，虽然同样承受着这些压力，却不断提升自我，超越自己，最终获得成功。这主要是因为他们具有较强的化功，能够有效实现压力向动力的转变。

亨利原来是一家汽车修理厂的修车工人。那时候的他虽然薪水菲薄，却常常在闲暇时凝望着工厂对面的五星级餐厅，渴望有朝一日能够坐在那里面大吃一顿。

某个月底，刚刚领到薪水的亨利鼓起勇气走进了那家富丽堂皇的高级餐厅。不承想，仅一会儿工夫，他的兴致便被一盆冷水浇熄了——在他呆坐了差不多15分钟之后，居然还没有一个服务生过来招呼他。没办法，他只好伸手示意要点餐。直到这时，一个小个子服务生才勉强走到他桌边，然后不耐烦地把菜单扔在他的面前。

亨利打开菜单仔细看起来。刚看了几行，旁边站着的服务生便以一种轻蔑的语气说道："你只适合看右边的部分（意思是价格），左边的部分（意思是菜肴），你就不必费神了！"亨利惊愕地抬起头来，双眼愤怒地盯着服务生那带着不屑表情的脸，他真想把攥得紧紧的拳头砸向那个扁扁的脑袋，可一想到自己口袋里那点可怜的薪水，他的怒气就化成了泄气。

"一个汉堡。"亨利有气无力地说道，以此结束了这场尴尬的僵局。

服务员轻哼一声转身走了。

吃着那个比快餐店贵出四倍价钱的汉堡，亨利的心里充满了悲哀。但是不久之后，他便渐渐冷静下来，不再生气，而是开始鼓气——他立志要成为上流社会的人物，要成为国家顶尖的富翁，永远不再遭受今天的羞辱。

从那以后，他开始坚持不懈地朝着梦想前进。十几年过去了，他已经由一个平凡的修车工人，成为叱咤风云的汽车大王。他的名字叫亨利·福特，世界著名的美国福特汽车公司的创始人。

在这个故事中，主人公福特表现出了出色的自我控制力、忍耐力和化功，能够承受别人对他的不屑，并把别人的不屑与冷嘲热讽变成改变自己、升华自己的动力。正是这种动力，推动他不断实现自己的梦想，最终华丽逆袭，梦想成真。

在日常生活中，我们总会因为种种原因而受到他人的冷眼相待，遇到这种情况，我们绝不能受别人的消极影响，而应把它转化成自己进取的动力。我们要知道，自己就是自己，不会因为他人的贬低而少了什么，同样也不会因为他人的赞扬而多了什么。如果他人看不起我们之处正是我们所欠缺的，那应该感谢他，是他帮我们指出了不足，让我们能够据此做出改变，而不是把自己宝贵的精力、时间等浪费在无谓的烦恼上。

第五章

大学生成功行为研究

生活实践表明，大学生今后的就业创业之路能否顺畅，与其日常行为有很大关系。从这一意义上来说，大学生就业创业想要成功说容易也容易，说难也难。说容易，是因为只要形成一些良好的行为习惯就比较容易成功；说难，是因为贵在坚持，许多人因为无法坚持良好的行为习惯而无法成功。不是一个人优秀了才有好的习惯，而是养成了很多好习惯，才让人变得越来越优秀。当自律变成一个人的习惯，当坚持变成一个人的态度，那他的生活终将美好。那么，大学生就业创业的成功与哪些行为有关呢？怎样测量了解这些能导致成功的行为呢？怎样培养这些成功行为呢？本章主要介绍的就是我们对这方面所做的一些研究。

第一节　大学生日常成功行为量表的编制

一、编制量表的现实意义

日常行为是人的心理的外在表现，同时它又反过来对人的心理活动产生影响，对人的心理素质发挥锻造作用。正因为如此，日常行为成为人们关注和研究的对象。行为主义创始人华生关注外显活动和行为，认为内部的心理活动最终还是外显于行为。这从侧面说明了行为的重要性。近年来，“行为习惯”逐步作为一个概念和问题成为多学科研究的对象，2006年美国杜克大学发布研究报告指出：“人每天有40%的行为并不是真正由决定促成的，而是出于习惯。”也就是说，人一旦养成某种习惯，它就会成为支配人们行为的一股无形的力量，而这种力量往往不需要经过个人的思考就能够自动化地表现出来，并对个人的学习、生活、处世等方面产生不同程度的影响。华生认为，人格是由环境中的行为习惯形成的，换言之，人格是我们习惯系统的最终产物。人格决定一个人的生活方式，甚至决定一个人的命运。由于人格表现于外在行为，外在行为反过来又对人格的形成和发展起十分重要的作用，因此研究人的日常行为对了解人的成功素养十分重要。

创业创新现在已经成为时代潮流，而人才是创业创新，推动经济社会发展最活跃的因素。由于创新创业需要创新创业素养，而行为习惯又是人的素养的重要组成部分，因此，行为习惯是否良好，对创新创业能否成功有很大影响。大学是人才最主要的产出地，对于大学生来说，能否养成良好的行为习惯，直接关乎个人能力和价值的实现程度。习惯是生活的基石，它支配着人们日复一日的生活。人这一生，最终会有怎样的人生，很大程度上取决于他拥有怎样的习惯。坏习惯，会慢慢地拖垮人；而好习惯，则会逐渐成就精彩人生。古希腊思想家亚里士多德说："人是被习惯所塑造的，优异的成绩来自良好的习惯，而非一时的行动。"英国著名唯物主义哲学家培根也说："习惯是一种巨大而顽强的力量，它可以主宰人生。因此，人自幼就应该通过完美的教育，去建立一种好的习惯。"这些都告诉我们，一个人的习惯，会在不经意间影响人的一生。在不知不觉中，经年累月地影响着一个人的品德修养，左右着一个人的成败。可以说，人的每一个言行举止都是经年累月养成的习惯，常年保持的习惯会融入生命，成为人生重要的一部分。人的行为不仅是外显的，而且会渗透于人的思维和语言中，很大程度上决定了个体的生活状态和生活方式。对大学生而言，其行为习惯的状况直接影响着其个人形象，甚至很大程度上决定了其今后的人生发展轨迹。细节决定成败，日常行为习惯是不容忽视的细节，它不仅关乎个人的自身发展，也关乎社会的稳定与发展。大学生身为社会的重要组成部分，其日常行为不仅影响他们自己，而且还会发挥辐射导向作用，因此他们的日常生活行为就显得非常重要。

老子曾言："天下难事必作于易，天下大事必作于细"，对一个人来说，如果养成好的习惯，那将是既有利于自身又有利于社会的事情。但如今社会上出现了各种各样的行为习惯问题，大学生日常生活行为习惯方面所出现的问题更是琐碎繁多，比如生活难以自理、人际关系紧张甚至厌学等，虽不至于出现破坏性的重大影响，但是对大学生个人的全面发展实则不利，应当引起重视。今天，无论是个人还是组织都在激烈的竞争中求得生存和发展。决定成败的关键就是人，人的潜能是无限的，而其根源在于人的心理资本。心理资本可以带来决定性的竞争优势，只有拥有过人的心理资本，才能够承受挑战和变革，成为成功者。因此，重视心理资本，不断地适应社会的竞争性和培养自己成功的日常行为，有助于培养大学生的成功素养。

迄今为止，已有大量学者开展了关于成功的课题研究，主要包括成功定律、成功要素、成功原因等，但对日常成功行为的研究不多，关于大学生日常行为的研究更为罕见，大部分研究的是自律与日常行为的关系，贴近大学生日常成功行为的极少。因此，研究大学生日常成功行为具有重要的现实意义。在研究中，编制大学生日常成功行为量表具有一定的迫切性。其原因是，大学生亟需重视日常行为，使其能在“大众创业，万众创新”时代背景下从行为上捷足先登，走向成功。这就需要有一个了解大学生日常行为的有效工具。基于此，我们力图在已有研究成果的基础上，结合我国大学生实际，编制大学生日常成功行为的有效测量工具，用以测量大学生日常行为的成功水平，为系统研究大学生日常成功行为及其心理健康提供依据，从而为有效地培养大学生日常成功行为提供材料支撑和指导。

二、对象与方法

本次问卷调查共派往广东省地方院校的 313 名大学生，包括肇庆学院、广东理工学院、岭南师范学院、广东海洋大学等。问卷派发以班为单位或随机抽取被试发放，学生以无记名方式填写调查问卷。最终回收问卷 313 份，剔除 13 份无效问卷后，有效问卷为 300 份，有效率为 95.84%。

其中，男生 105 人、女生 195 人，大一 70 人、大二 98 人、大三 109 人、大四 23 人，理工科 132 人、文史科 138 人、术科 30 人。数据采用 SPSS21.0 和 AMOS21.0 进行统计分析。

通过参考国内外有关研究工具，经过反复推敲、删改，最终形成 97 个项目的初步量表。量表采用 Likert 五点计分法，在施测中让被试根据自己的实际情况评定与各题项描述的符合程度，从“很不符合”至“很符合”分别给予 1 ~ 5 分。

三、结果与分析

（一）项目分析

对 300 份数据进行项目分析，并且通过决断值来计算区分度。然后将各个条目的总分降序排列，并对其进行分组，总得分前 27% 为高分组，后 27% 为低分组。将高低分组编码为分组变量，对每个题目进行该分组变量的独立样本 t 检验，检验高、低分组受试者在各个题项上的差异，删去决断值未达到 0.01 的显著性水平的题目进行删除处理的 2 个题项。然后求取每个题目和量表总分的相关系数，根据项目分析的结果，将与量表总分相关系数小于 0.2 的 22 个题项进行删除。结果共删除 24 个题项，保留 73 个题项。

（二）探索性因素分析

因事先已将题项归类为 7 个明确的因素，因而在进行因素分析之前，可以设定所欲抽取共同因素的数目。根据因素分析的结果，KMO 值为 0.886，即达到良好的程度指标，表示“大学生日常成功行为”适合进行因素分析；Bartlett 球度检验卡方值为 10057.174，自由度为 2628，$p < 0.01$，达到显著水平，拒绝相关矩阵不是单位矩阵的假设，表示数据适合进行因素分析。进行第一次探索性因素分析，使用主成分分析法，配合最大变异法进行直交转轴的“转轴后的成分矩阵”摘要表，当限定为 7 个因素，73 题全部纳入因素分析程序时，对 7 个因素包含的题项与原先编制的理论不符合的进行删除，最后删除了 24 个题项。进行第二次探索性因素分析，删除负荷量小于 0.5 及题项与理论不符合的共 11 个题项，进行第三次探索性因素分析，删除负荷量小于 0.5 的 2 个题项，并进行反复的探索性因素分析。最终形成由 6 因素 36 个题项构成的正式量表，如表 5-1 所示。

表 5-1　大学生日常成功行为量表因素项目及负荷

		因素 1		因素 2		因素 3		因素 4		因素 5		因素 6	
		项目	负荷	项目	负荷	项目	负荷	项目	负荷	项目	负荷	项目	负荷
		21	0.759	94	0.728	84	0.722	28	0.775	45	0.695	64	0.697
		23	0.748	89	0.717	83	0.699	29	0.743	48	0.584	61	0.663
		22	0.723	90	0.700	81	0.670	32	0.606	47	0.646	62	0.621
		20	0.639	92	0.645	82	0.647	33	0.585	51	0.577	59	0.568
		26	0.616	95	0.568	78	0.555	30	0.578				
		25	0.609	91	0.555	77	0.531						
		27	0.605	87	0.547								
		18	0.592	93	0.528								
		19	0.537										
特征值		8.754		3.060		2.406		1.836		1.546		1.397	
解释率（%）		24.317		32.818		39.501		44.602		28.898		52.779	

通过碎石图与平行分析（见表 5–2），也证实因素数目为 6 时较为合适。而经过反复尝试，发现 6 个因子时，项目归类较为理想，可解释的总变异量为 52.779%，KMO 值为 0.879，即达到良好的程度指标；Bartlett 球度检验卡方值为 4126.820，自由度为 630，$p < 0.01$，达到显著水平。最后根据每一因素中的项目含义对 6 个因素分别进行命名，具体为：梦想、诚信、创造性、身心健康、精益求精、自我独特性。

表 5–2 KMO 和 Bartlett 的检验

取样足够度的 Kaiser–Meyer–Olkin 度量		0.879
Bartlett 的球形度检验	近似卡方	4126.820
	df	0.630
	Sig.	0.000

探索性分析结果表明，大学生日常成功行为量表的结构可由 6 个因素构成。6 个因素的项目分布合理，而且在相应因素上的载荷均比较高；6 个因素累计解释了 52.779% 的变异，量表的结构和内容可以接受。

（三）信度、效度分析

为了使量表具有更好的内部一致性信度，对 36 个项目进行信度分析。信度分析结果表明：大学生日常成功行为量表总的内部一致性系数为 0.900，各因子的内部一致性系数分别为 0. 864、0. 817、0.793、0.783、0.738、0.655。

对量表的各个因素与总分做相关分析，将相关分析的结果作为内容效度的指标。表 5–3 表明，大学生日常成功行为量表各因素与总问卷的相关系数在 0.429～0.769 之间，各因素相关系数均达到显著水平，表明了该问卷有着较好的内容效度。

表 5-3　大学生日常成功行为量表与各因素的相关矩阵

	因素 1	因素 2	因素 3	因素 4	因素 5	因素 6	日常成功行为总分
因素 1	1						
因素 2	0.399**	1					
因素 3	0.256**	0.347**	1				
因素 4	0.494**	0.408**	0.391**	1			
因素 5	0.489**	0.427**	0.354**	0.410**	1		
因素 6	0.299**	0.219**	0.020	0.138*	0.281**	1	
日常成功行为总分	0.769**	0.742**	0.631**	0.703**	0.700**	0.429**	1

注：*P<0.05，**P<0.01，***P<0.001。

最后得到大学生日常成功行为量表共 6 因素 36 个题项，KMO 值为 0.879，Bartlett 球度检验卡方值为 4126.820，自由度为 630，$p < 0.01$，达到显著水平，6 个因素累计解释了 52.246% 的变异。量表各因素的信度系数在 0.655 ~ 0.864 之间，各维度的效度在 0.429 ~ 0.769 之间。

用逆境商量表作为该问卷的效标量表，以广东省普通地方院校的 374 名大学生为被试作为测验的对象，共发放 374 份问卷，剔除回答不完整或有明显反应倾向等问题的问卷 23 份，最后得到有效问卷 351 份。据此分析大学生日常成功行为及各因素与逆境商量表得分的相关程度，表 5-4 表明，自我独特性因素变量的降低，可能会引起逆境商增加。除自我独特性因素（因素 6）为负相关之外，大学生日常成功行为量表及各因素与逆境商量表得分呈低等程度的显著正相关，基本符合了预期的方向和水平。

表 5–4 大学生日常成功行为量表及各因素与逆境商量表的相关矩阵

	梦想因素	诚信因素	创造性因素	身心健康因素	精益求精因素	自我独特性因素	大学生日常成功行为总分	逆境商总分
梦想因素	1							
诚信因素	0.454**	1						
创造性因素	0.263**	0.207**	1					
身心健康因素	0.413**	0.304**	0.360**	1				
精益求精因素	0.401**	0.395**	0.379**	0.300**	1			
自我独特性因素	0.284**	0.230**	0.281**	0.038	0.155**	1		
大学生日常成功行为总分	0.764**	0.715**	0.633**	0.628**	0.655**	0.422**	1	
逆境商总分	0.166**	0.196**	0.241**	0.247**	0.110**	0.017	0.263**	1

注：*P<0.05，**P<0.01，***P<0.001。

在此基础上，采用验证性因素分析的方法对数据进行分析，进一步检验量表的建构效度。AMOS 软件的分析结果如下：拟合指数 x2/df、NNFI、RMSEA、CFI、RMR、GFI 和 AGFI 的数值分别为 2.139、0.711、0.062、0.820、0.199、0.809 和 0.782。一般来说，在潜变量上的载荷越高，各个因素在误差或独特因子上的载荷就越小，表示模型的质量越高。综合以上指标结果，该模型结构对数据的拟合效果尚能接受，大学生日常成功行为量表具有较好的构想效度。

四、结论

迄今为止，学者研究主要涉及的是概括性的日常行为，而本书涉及的是细微的日常行为。因此，本书通过参照国内外已有的研究结果，分析大学生群体特点，经过开放式调查、预测、正式测试等，将具有较好代表性的题项组合最终构成正式量表。

根据搜集资料、文献综述的结果，最终确定了自编的大学生日常成功行为量表的 6 个因素共 36 题，并分别命名为：梦想因素、诚信因素、创造性因素、身心健康因素、精益求精因素、自我独特性因素。

其中，梦想是指对未来的一种美好期望，指在现在构想未来的事情或是可以达到但必须通过努力、制订计划、下定决心才可以达到的情况。反映个体对人生蓝图的规划与行动力水平，适当的梦想有利于个体更好地追求目标。

诚信一是指为人处事真诚，实事求是；二是指信守承诺。诚信是个体的稳定的人格特质，诚信人格结构包括正性取向：实干重义、诚实信用、公正无欺和忠实可靠，以及负性取向：自私欺人、钻营世故、多谋寡信和虚伪不实。

创造性是指以现有的思维模式提出改进或创造与常规或常人思路见解不同的新事物、方法、元素、路径、环境等。创新认知风格的个体往往忽视现有的方法，倾向于寻找新异的方法和途径解决问题，他们较为关注方案的独特性，在进行创造活动时，常常采取“顺应”的行为策略，主张打破原有的思维范式，寻求新颖的解决方式。

身心健康是指个体身体、心理及对社会适应的良好状态。身心健康的个体一般都具有积极心态，能有效调控情绪等。

精益求精是指事物已非常出色，却还追求更加完美。精益求精的个体向往完美主义，做事具有周密而慎重的特点。

将自我与他人加以区分即自我独特性。自我独特性指个体的意志不易受他人的影响，有较强的独立提出和实施行为目的的能力，反映意志的内在稳定性，遇事有主见，有成就动机，能独立处理事情。具有自我独特性的个人，常常伴随有勇敢、自信、认真、专注、责任感和不怕困难的精神。

自编的大学生日常成功行为量表中的6个因素，能够较好地诠释大学生日常行为的成功水平。同时研究结果显示，量表具有良好的信度与效度。逆境商量表用以衡量人们消除或克服困难或逆境的能力，从某种意义来说，逆商的高低表明一个人成功水平的高低。大学生日常成功行为量表主要是为大学生日常行为的评定提供测量依据，从某种程度上来说，日常行为的成功水平高低表明一个人在适应社会过程中将逆境转化为顺境的能力。因此，逆境商量表为这一量表提供了质性依据。从上述量表的得分可以看出，除自我独特性因素为负相关之外，其余都呈显著的正相关，符合预期的水平。据此可以得出结论：此次编制的大学生日常成功行为量表可以作为研究相关领域的测量工具。

第二节 大学生日常成功行为的潜在类别分析

一、潜在类别分析的意义

成功是人们永恒的话题，每个人都想获得成功。在我国，最早出现“成功”这一词语是在孔子的《中庸》里，“或生而知之，或学而知之，或困而知之，及其知之，一也。或安而行之，或利而行之，或勉强而行之，及其成功，一也。”随着时代的不断进步，人们对于成功也有了新的解释。《现代汉语词典》将成功定义为获得预期的结果。美国心理学家斯滕伯格认为成功包含两个方面：一是指个体经过努力后能够到达的人生抱负和目标的成功；二是指每个正常个体都能够发展的成功。如此，成功便可以理解为目标的实现。每一个个体都盼望成功时的愉悦，梦想着成功时“会当凌绝顶，一览众山小”的雄伟气魄。

拿破仑·希尔告诫我们，当个体通过富有创意的思索，最终规划出人生蓝图之后，紧跟着的就是行动，用行动来创造与众不同的人生。也就是说，只有行动才能走向真正的成功。行动是大脑意志活动的外在表现，行为是对意志活动的诠释。行为科学认为，人会为了满足各种需求而做出努力，动机是构成人的大部分行为的基础。由此可知，当萌发追求成功的想法后，人会出于满足该需求而做出努力实现目标的行为。行为科学还认为，人在成长的过程中，通过对行为的重复及内外部的强化，就能够使某种行为方式固定下来，成为模式化的行为，也就是习惯。换言之，培养日常生活中的行为习惯对成功有很大影响。刘澍认为，日常行为是人们在平日生活中经验性的、反复发生的行为，它能够利用直接观察和实证分析等其他方法得到观照。综合各方面的研究，可将有效促进成功的日常行为定义为日常成功行为，而大学生日常成功行为就是指针对大学生这一群体的日常成功行为。

当前，国内外学者大多倾向于研究成功，主要包括成功定律、成功观、成功学、成功教育等，集中研究行为习惯的管理规范和养成，较少研究行为，关于日常成功行为的研究更是极少。因此需要对日常成功行为进一步研究，从个体出发，对大学生日常成功行为进行分类研讨。

近年来，越来越多学者运用潜在类别分析（Latent Class Analysis，LCA）方法进行研究，特别是在心理学领域上。潜在类别分析指的是对个体的行为和心理特征进行划分，从而获得各个潜在类别具体的外在特征，进一步做出对不同类别群体的探究，社会调查、心理测验、心理调查、临床诊断等研究中经常使用该方法。在“大众创业，万众创新”的号召下，相较于其他群体，大学生在学校和国家的支持下更容易开始创业，但成功创业的概率有多少就不得而知了。有研究表明，创业意向、人际交往能力、领导能力和创新能力构成了大学生创业能力的四个基本要素，而这些能力都需要从日积月累的实践和行为中不断得到提高。同时，由于具有良好日常成功行为的人的基本特征之一表现为高创造性，倾向于寻找新方法解决问题，所以具有良好日常成功行为的大学生很大可能拥有高的创业能力。

因此，本研究将通过大学生日常成功行为的潜在类别分析，分析各大学生日常成功行为潜在类别的外在特征和人口学变量分布差异，以及各潜在类别在创业能力上的情况，为日常成功行为研究提供理论基础，并且为培养大学生日常成功行为和提高创业能力提供实践依据。

二、对象与方法

采取问卷调查的方法，调查对象为广东肇庆学院、广东培正学院、广东仲恺农业大学、华南农业大学、广东财经大学华商学院、广东轻工职业技术学校、岭南师范学院等9所地方高校的1332名大学生，最终有效问卷回收1232份，有效回收率97.46%。其中，男生413人，女生819人；理科生491人，文科生584人，术科生157人；大学一年级466人，二年级439人，三年级289人，四年级38人；独生子女248人，非独生子女984人；城镇生源568人，乡村生源664人；师范生417人，非师范生815人。

本研究采用的工具如下。

1. 大学生日常成功行为量表

采用张莹、商卓睿、李炳全等编制的《大学生日常成功行为量表》。该量表共36道题项，包括6个因子，分别是梦想、身心健康、精益求精、自我独特性、创造性、诚信。该量表各维度的信度系数在0.655～0.864之间，效度在0.429～0.769之间，有较好的信效度。

2. 大学生创业能力量表

采用汪玉敏借鉴徐旖《创业能力量表的编制》中编制的《创业能力量表》所修订而成的《大学生创业能力量表》。该量表共27个题项，包含4个维度，分别是创业意向、人际交往能力、领导能力、创新能力。该量表具有较高的信度和效度，其中同质性信度系数为0.92，各分量表的内部一致性信度在 0.65 ~ 0.78 之间。该问卷采用 5 点计分方法，1 表示“不符合”，5 表示“符合”。

3. 统计工具及数据分析方法

采用 SPSS 21.0 和 Mplus 7.4 对数据进行分析处理。使用 SPSS 21.0 将数据录入，并把《大学生日常成功行为量表》的数据转化为 0、1 计分；运用 Mplus 7.4 进行潜在类别分析，选出大学生日常成功行为的最优潜在类别模型；使用 SPSS 21.0 分析各潜在类别的人口学变量分布差异和创业意向差异。

三、分析过程与结果

（一）大学生日常成功行为潜在类别的模型选择

分别建立了 1 ~ 6 个潜在类别模型，具体结果见表 5-5。熵（Entropy）越大代表该模型的分类准确率越高；似然比 Log（L）、埃凯科信息标准 AIC、贝叶斯信息标准 BIC 和样本调整后的贝叶斯信息标准 aBIC 值越小代表该模型拟合越好。Lin 和 Dayton 认为当样本数以数千计时，采取 BIC 指标。

表 5-5 大学生日常成功行为的潜在类别模型拟合指标

模型	Log（L）	AIC	BIC	aBIC	LMR	BLRT	Entropy
1	−28061.51	56219.02	56464.61	56312.14			
2	−15545.74	51285.48	51781.77	51473.66	***	***	0.86
3	−24630.59	49553.18	50300.17	49836.42	***	***	0.88
4	−24202.74	48795.47	49793.17	49173.77	**	***	0.89
5	−23928.91	48345.82	49594.22	48819.18	0.08	***	0.86
6	−23767.94	48121.88	49620.99	48690.19	0.82	***	0.84

注：** 表示 P<0.01，*** 表示 P<0.001。

表 5-5 表明，模型 4 的 LMR 值和 BLRT 值均在非常显著的水平上（P<0.01），而且 Entropy 值达到较大。其次，与其他模型对比，模型 4 的 BIC 值较小，且与 BIC 值最小的模型 5 值相差不大。基于以上考虑，4 个潜在类别（C1、C2、C3、C4）模型被选用为拟合最佳的模型。从表 5-6 可以看出，4 个潜在类别的平均归属率均在 85% 以上，在 93% ~99% 之间，意味着该模型分类质量好，达到标准。

表 5-6 4 个潜在类别中的被试（行）的平均归属率（列）

模型	C1（%）	C2（%）	C3（%）	C4（%）
C1	0.99	0.00	0.02	0.00
C2	0.00	0.96	0.00	0.05
C3	0.00	0.00	0.93	0.06
C4	0.00	0.02	0.05	0.93

（二）大学生日常成功行为潜在类别的的特点和命名

根据大学生日常成功行为的 4 个潜在类别在 36 个条目上的应答得分概率（见图 5-1）的特点，分别给 4 个潜在类别命名。C1 组各条目的得分概率均处于很低的水平，因此将该组命名为“日常成功行为缺乏组”，占全体被试的4.67%。C2组各条目的得分概率均处于较高的水平，因此将其命名为“良好日常成功行为组”，占全体被试的14.77%。C3组的梦想和自我独特性条目在整组整体水平中处于一般且稳定水平，得分概率均在0.3以上，因此命名为“梦想－自我独特性一般组”，占全体被试的32.2%。C4组大部分条目的得分概率在0.4以上，但是相对其他条目，创造性条目的得分概率较低，所以把它命名为“创造性缺乏组”，占全体被试的48.37%。

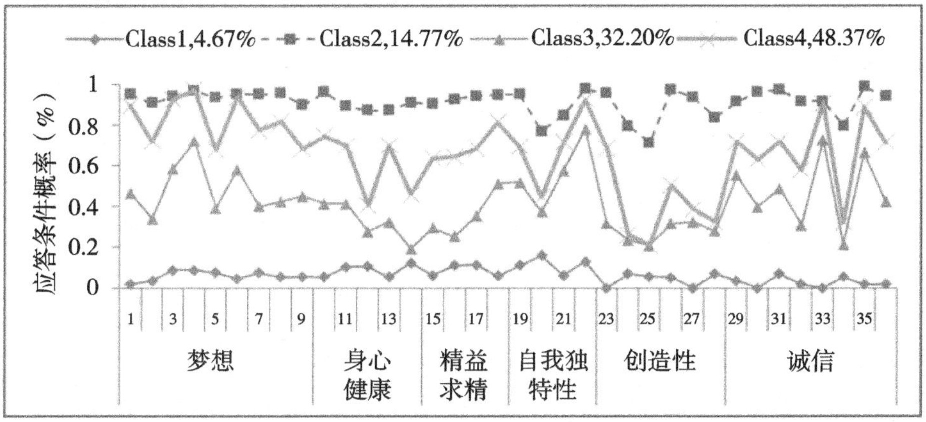

图5-1　大学生日常成功行为的4个潜在类别在各条目上的应答得分概率

（三）大学生日常成功行为潜在类别在性别等人口学变量上的分布差异

4个大学生日常成功行为潜在类别在人口学变量上的分布差异具体见表5-7。根据表5-7，4个潜在类别在年级、专业、家庭来源和是否独生子女等人口学变量上的分布不存在显著差异，仅仅存在性别分布的显著差异（P<0.05）。进一步发现，4个潜在类别在性别中的分布比例为创造性缺

乏组 > 梦想 – 自我独特性一般组 > 良好日常成功行为组 > 日常成功行为缺乏组。

表 5–7　大学生日常成功行为的潜在类别在人口学变量上的分布差异

人口学变量		日常成功行为缺乏组（n=58）	良好日常成功行为组（n=180）	梦想 – 自我独特性一般组（n=389）	创造性缺乏组（n=605）	χ^2
性别	男	28（6.8%）	59（14.3%）	142（34.4%）	184（44.6%）	9.88*
	女	30（3.7%）	121（14.8%）	247（30.2%）	421（51.4%）	
年级	大一	26（5.6%）	68（14.6%）	146（31.3%）	226（48.5%）	10.93
	大二	19（4.3%）	62（14.1%）	152（34.6%）	206（46.9%）	
	大三	11（3.8%）	40（13.8%）	80（27.7%）	158（54.7%）	
	大四	2（5.3%）	10（26.3%）	11（28.9%）	15（39.5%）	
专业	理科	22（4.5%）	65（13.2%）	143（29.1%）	261（53.2%）	11.84
	文科	31（5.3%）	82（14.0%）	192（32.9%）	279（47.8%）	
	术科	5（3.2%）	33（21.0%）	54（34.4%）	65（41.4%）	
家庭来源	城镇	33（5.8%）	79（13.9%）	188（33.1%）	268（47.2%）	4.64
	乡村	25（3.8%）	101（15.2%）	201（30.3%）	337（50.8%）	
是否独生子女	是	14（5.6%）	39（15.7%）	73（29.4%）	122（49.2%）	1.29
	否	44（4.5%）	141（14.3%）	316（32.1%）	483（49.1%）	

（四）性别对大学生日常成功行为潜在类别的影响

为了探讨性别对大学生日常成功行为潜在类别的影响，将性别设为自变量，男为 1，女为 0，把 4 个潜在类别作为因变量，把“创造性缺乏组”设为参考类别，进行多项 Logistic 回归，结果如表 5–8 所示。

表 5-8 不同性别对潜在类别的 Logistic 回归

		日常成功行为缺乏组			良好日常成功行为组			梦想 – 自我独特性一般组		
		OR	CI（95%）	P 值	OR	CI（95%）	P 值	OR	CI（95%）	P 值
性别	男	2.14	1.24 ~ 3.68	0.006	1.12	0.78 ~ 1.59	0.547	1.32	1.01 ~ 1.7	0.046
	女	1			1			1		

表 5-8 表明，日常成功行为缺乏组和梦想 – 自我独特性一般组的性别效应有统计学意义（P<0.05）。与创造性缺乏组相比，男生属于日常成功行为缺乏组的比例是女生的 2.14 倍，属于梦想 – 自我独特性一般组的比例是女生的 1.32 倍。

（五）大学生日常成功行为各潜在类别的创业能力的得分差异

方差分析结果（见表 5-9）表明，各日常成功行为潜在类别的大学生在创业能力的创业意向、人际交往能力、领导能力以及创新能力因子水平上的差异具有统计学意义，存在显著差异（P<0.05）。多重比较结果显示：良好日常成功行为组（C2）的创业意向、人际交往能力、领导能力、创新能力得分最高，其次是创造性缺乏组（C4），再次是梦想 – 自我独特性一般组（C3），得分最低的是日常成功行为缺乏组（C1）。

表 5-9　大学生日常成功行为潜在类别的创业能力的差异比较

	潜在类别	M ± SD	事后多重比较	P	F
创业意向	C1（n=58）	2.71 ± 0.85	C1<C3<C4<C2	0.00	127.38
	C2（n=180）	4.06 ± 0.58			
	C3（n=389）	3.00 ± 0.64			
	C4（n=605）	3.34 ± 0.64			
人际交往能力	C1（n=58）	2.82 ± 0.74	C1<C3<C4<C2	0.00	111.01
	C2（n=180）	3.96 ± 0.62			
	C3（n=389）	3.09 ± 0.53			
	C4（n=605）	3.37 ± 0.55			
领导能力	C1（n=58）	2.88 ± 0.92	C1<C3<C4<C2	0.00	125.45
	C2（n=180）	4.16 ± 0.55			
	C3（n=389）	3.35 ± 0.57			
	C4（n=605）	3.64 ± 0.58			
创新能力	C1（n=58）	2.99 ± 0.94	C1<C3<C4<C2	0.00	88.09
	C2（n=180）	4.17 ± 0.60			
	C3（n=389）	3.38 ± 0.60			
	C4（n=605）	3.73 ± 0.62			

注：C1 为日常成功行为缺乏组；C2 为良好日常成功行为组；C3 为梦想 – 自我独特性一般组；C4 为创造性缺乏组。

四、结果分析与结论

（一）大学生日常成功行为的潜在类别分析

潜在类别分析在概率模型的基础上，通过对个体考察题目的应答模式来进行个体潜在类别的外在特征分类，并分析不同类别特征的群体分布特点。根据被试在大学生日常成功行为量表上的回答模式，大学生日常成功行为可分为日常成功行为缺乏组、良好日常成功行为组、梦想－自我独特性一般组和创造性缺乏组等 4 个潜在类别。

日常成功行为缺乏组表示该组被试具有极少的日常成功行为，具体表现为在梦想、诚信、创造性、身心健康、精益求精、自我独特性等方面都没有明显利于成功的日常行为，在被试中占最低比例，为全部研究对象的 4.67%。良好日常成功行为组表示该组被试具有更多的良好日常成功行为，在一定意义上，他们获得成功的概率最大。结果显示，良好日常成功行为组的大学生占所有研究对象的 14.77%。

梦想－自我独特性一般组在所有被试中的比例为 32.2%，实际上梦想和自我独特性的应答概率并不高，只是相对于其他条目处于一般稳定水平。这说明这类大学生在日常行为中会对自己的未来抱有一定的期望，会为自己的人生做出规划和采取行动，且偏向于追求或选择新异事物，追求独特。这也跟现在的社会环境有很大关系，时代进步迅猛，经济发展迅速，人才的竞争日趋激烈，父母对培养子女的要求越来越严格。盼望子女成为人中龙凤的父母要求子女从小制定目标，尝试未知，拓展视野，发现不一样的事物，追求比人快一步成功。

创造性缺乏是指主体的创造性低，极少从新的角度思考，被自身的思维模式所局限，难于打破思维定式。结果表明，创造性缺乏的大学生所占的比例最高，为全部研究对象的 48.37%。这类大学生对外界事物持有满意态度，满足于现状，顺应世界，缺乏打破原有思维的冲动，因此他们认为自身缺乏产生与他人不同的思维的创造能力。

（二）大学生日常成功行为潜在类别的性别差异分析

根据结果，大学生日常成功行为潜在类别只有在性别上的分布有显著性差异，在其他人口学变量上没有显著性差异。男女性对各潜在类别的影响结果表明，与创造性缺乏组相比，日常成功行为缺乏组和梦想－自我独特性一般组男生的比例分别是女生的 2.14 倍和 1.32 倍，说明在大学生群体中，更多的男生属于日常成功行为缺乏组和梦想－自我独特性一般组，更多的女生属于创造性缺乏组。行为是有机体的反应系统，它是由连续的动作反应和活动组成的。个体在一定的刺激下产生行为，而且引起该行为的刺激会通过心理中介而起作用。心理支配行为，并通过行为表现出来。因此日常成功行为上的性别差异，可能是男女之间的心理特征差异导致的。日常成功行为缺乏组和梦想－自我独特性一般组男生多于女生，可能的原因是：一方面，相对于女生，大部分男生对外界事物感知不敏锐，处于安逸状态下的竞争力低，不会为未来做打算，只想着走一步说一步，缺少远见。加上研究对象是大学生，在自由且要求自身自律性高的大学生活，大学生缺乏约束，容易产生惰性和思维定式，停滞不前，这些更会使他们降低对自身的要求，甚至自我屏蔽外界，感受不到时代要求的严格和世界迅速发展的压力。于是，男生具有极少的日常成功行为。另一方面，女生的思维能力普遍不及男生，她们发散思维弱，不擅长从多个方面思考问题。发散思维被不少心理学研究者认为是创造性思维最主要的特点，也被认为是测定创造性的主要标志之一。所以，从整体上看女生拥有较少的创造性，因此应该更多地留意男生的日常行为总体表现和女生的创造性发展，且给予相应的措施进行改善。一是可以给予男生更多的外界刺激来增强他们的危机意识，要求他们多进行头脑风暴和实施行为来提高自主提出和实现行为目标的能力；二是适当地为女生布置具有挑战性的困难与挫折，并要求其培养发散思维，不断思索和寻找更多的方法。

（三）大学生日常成功行为各潜在类别的创业能力差异分析

结果显示，不同潜在类别的大学生在创业意向、人际交往能力、领导能力以及创新能力因子水平上存在显著差异。良好日常成功行为组的创业意向、人际交往能力、领导能力、创新能力得分最高，其次是创造性缺乏组，再次是梦想 - 自我独特性一般组，得分最低的是日常成功行为缺乏组。良好日常成功行为组的大学生在日常生活中拥有最多的日常成功行为，具体表现在梦想、诚信、创造性、身心健康、精益求精、自我独特性等方面。

有研究指出，“在创业的过程中，创业意向是一个心理过程，个体与其他外部变量能够透过创业意向对创业行为造成印象。……创业意向指特定的行为目的。”同时，创业意向决定了创业的方向和力度，对其起指导作用，存在较强的选择性和能动性。而大学生日常成功行为中的梦想因子是具有导向作用的，它能够在确立目标后指引人们通过努力实现目标，因此表现出更多日常成功行为的人具有更高的创业意向。孔子说过，“人而无信，不知其可也。”可见，诚信对于人是多么的重要，想要得到外界的信任与支持，诚信是必不可少的一个方面。如果在创业之初没有与外界保持一个良好的关系，那么这个企业是很难走下去的。诚信是人际交往的一方面，人际交往能力在创业过程中有着重要的意义，讲诚信、有信用的人在人际交往中也会表现得游刃有余和得心应手。创新能力是在各个领域运用理论和知识从各个角度提出新思想和新想法的能力，而创造性恰恰能够体现于此，创造性高的人更愿意去尝试和开发新鲜事物。因此，创造性与创新能力是密不可分的。总之，在日常行为上表现得越好的人，拥有越多的日常成功行为，创业能力就越强。

（四）结论

通过本次研究，可以得出如下结论。

第一，大学生日常成功行为可以分为日常成功行为缺乏组、良好日常成功行为组、梦想 - 自我独特性一般组和创造性缺乏组等 4 个潜在类别。

第二，各个潜在类别的大学生日常成功行为在性别分布上存在实际上的显著差异。

第三，各个潜在类别的大学生日常成功行为在创业能力及其维度上存在实际上的显著差异。

第三节 广东省地方院校大学生成功创业的行为因素探析

一、探析大学生成功创业行为因素的重要意义

直面错综复杂的新时代，有关大学生的日常行为问题越发凸显。大学生的日常行为问题是指在日常生活中不利于学生身心健康的发展、不利于学生的校园生活及学习生活、不利于社会发展等的行为表现。北宋文学家欧阳修曾言："祸患常积于忽微"，一些微不足道的事情累积起来也可能会酿成大祸，海尔总裁张瑞敏也曾说过："把每一件简单的事情做好就是不简单，把每一件平常的事情做好就是不平常"。对大学生而言，完善个人的道德行为，有利于其认知、情感、意志品质的巩固和发展，大学生综合素质提升的一个重要因素就是具备良好的道德素养，这也是大学生走向社会后获得认可的资本之一。有研究表明，在日常生活中有些难以为人察觉、不易被注意、易忽视的行为，它们对大学生能否获得成功的意义非凡，可见日常行为对大学生获得成功有着不可忽视的作用。

在知识经济时代或信息社会，创新创业成为经济发展转变的重要推动力，我国现今对创新创业的现状及发展尤为重视。高德纳认为，创业包含创业者的创业的行为结果和个人特性两个方面。创业的行为结果包括追

求利润最大化、创造个人与社会价值、成为一个企业的管理者和所有者以及做好组织建设；创业家的个人特性包括人格特征、独特性、创新性、开拓新事业和谋求发展。大学生作为社会重点培养的群体，与民族的发展息息相关。培养大学生的创业精神，能够为社会输送大量高素质创业人才，有效缓解大学生就业难的社会矛盾，推进创业型经济发展和创新型国家建设。

从创新意识的角度来看，虽然大学生群体中也不乏一些创新型人才，但是总体的创新意识与能力还不足以应对当今时代的挑战。在世界各国综合国力大大提升的背景下，创新为一个国家和民族的发展提供源源不竭的动力，培养一大批创新型人才的要求越来越迫切。以往一些关于日常行为的研究主要集中在日常行为的养成与培养，国内外学者对创业能力的研究也以创业能力的培养研究为主，而涉及日常行为对正在创业的大学生的影响的研究很少。由于正在创业的大学生对创业的理解与经验体验比非创业的普通大学生要深刻，因此，对其进行调查可以更准确地了解行为因素与创业能力的关系。正是基于此，我们对影响大学生成功创业的日常行为进行研究，为大学生不断适应社会的竞争性和培养其成功素养提供更有针对性的建议，使大学生的学习行为、日常生活行为、交往处事行为等都能适应时代发展。

二、对象与方法

本次调研采取问卷和访谈两种方式进行。

1. 问卷对象

随机向广东省肇庆学院、仲恺农业大学、广东东软学院、广东技术师范学院、惠州学院、岭南师范学院、佛山职业技术学院等 14 所地方高校各年级正在创业的在校大学生进行调查，共发放 35 份问卷，最终回收问卷 35 份，回收率为 100%，剔除了无效问卷 3 份，有效问卷为 32 份，有效率为 94.29%。其中，大一学生 1 人，大二学生 1 人，大三学生 14 人，大四学生 16 人；男生 12 人，女生 20 人；理科生 9 人，文科生 20 人，术科生 3 人；独生子女 6 人，非独生子女 26 人；城镇生源 15 人，乡村生源 17 人；师范生 7 人，非师范生 25 人。

2. 访谈对象

为深入了解创业成功者具备的日常行为素质与创业成功的经验，了解日常行为因素与创业成功者之间的关系，采用随机抽样的方式，对广东省韶关学院、肇庆学院、番禺职业技术学院创业成功的 4 名大学毕业生进行访谈。

本研究采取的工具及方法如下。

1. 大学生日常成功行为量表

采用张莹、商卓睿、李炳全等人编制的《大学生日常成功行为量表》。该量表共有 36 个测题，包括梦想、身心健康、精益求精、自我独特性、创造性、诚信 6 个维度。该量表采取的是 5 级评分制，“很符合”为 5 分，“很不符合”为 1 分，题目全部为正向计分。该量表各维度的信度系数都在 0.655 ~ 0.864 之间，效度都在 0.429 ~ 0.769 之间，表明该问卷符合信效度要求。

2. 大学生创业能力量表

采用汪玉敏借鉴徐旖《创业能力量表的编制》中编制的《创业能力量表》所修订而成的《大学生创业能力量表》。该量表共有 27 个题项，包含有 4 个维度，分别是创业意向、人际交往能力、领导能力、创新能力。该问卷采用 5 点计分方法，1 表示“不符合”，5 表示“符合”，得分越高，说明大学生的创业能力越强。其同质性信度系数为 0.92，各个分量表的内部一致性信度在 0.65 ~ 0.78 之间。由此可知，该量表具有较高的信度和效度。

3. 访谈法

在借鉴黄自伟《创业经验访谈视角下外语专业创新创业人才培养》中访谈设计的基础上编制适合大学毕业生的访谈问卷，此问卷对创业的定义和理解、创业契机、创业行为素质、创业素质培养四个方面进行访谈，共包含以下 8 个问题。

（1）您对创业是怎么理解的？

（2）您在什么时候开始有创业的想法，是什么促使您有此想法？

（3）您是什么时候开始创业的，您当初选择创业的原因是什么？

（4）如果用几个关键词来概括创业过程，您会选择哪几个词？

（5）在创业期间，您最注重的是什么？

（6）在创业过程中，您认为自己最可贵的品质是什么？

（7）您认为大学生创业需具备哪些素质？

（8）您认为创新创业培养对大学生重要吗？如何培养？

对于本次调研获得的样本数据，使用 SPSS21.0 软件进行统计处理。

三、研究结果

（一）问卷结果

1. 大学生日常成功行为的总体情况

从总体上对大学生日常成功行为采取描述统计，统计内容包括大学生日常成功行为的总均分及所有维度，结果见表 5–10。按照每个维度的总均值得分由高到低，可以把 6 个维度进行排序：梦想、精益求精、诚信、身心健康、自我独特性、创造性，其中梦想维度得分最高（均值 =4.08），创造性维度得分最低（均值 =3.49），大学生日常成功行为总均值得分为 3.84 ± 0.52。

表 5–10 大学生日常成功行为描述统计结果（N=32）

	N	极小值	极大值	标准差	均值
梦想维度	32	2.33	5.00	0.6	4.08
诚信维度	32	1.88	5.00	0.77	3.94
创造性维度	32	1.50	5.00	0.80	3.49
身心健康维度	32	2.80	5.00	0.60	3.83
精益求精维度	32	2.25	5.00	0.67	3.98
自我独特性维度	32	1.75	5.00	0.78	3.75
日总	32	2.41	5.00	0.52	3.84

注："日总"表示"大学生日常行为总均值"，下同。

2. 大学生日常成功行为的各变量差异情况

通过独立样本 T 检验，检验大学生日常成功行为是否具有独生子女的差异、专业上的差异、性别的差异，结果（见表 5–11，未具有显著性差异的因子不列入表格中，下同）表明，在创造性维度上存在显著性别差异，男生显著高于女生，表明男性的创造力更强；在专业和是否独生子女上没有显著差异。

表 5–11　比较日常成功行为在是否独生子女、专业、性别上的差异（M ± SD）

	男（n=12）	女（n=20）	t
创造性	3.99 ± 0.72	3.20 ± 0.72	3.00**

注：* 表示 $p<0.05$，** 表示 $p<0.01$，*** 表示 $p<0.001$，下同。

3. 日常成功行为、大学生创业能力的相关分析

表 5–12 表明，大学生的日常成功行为总均分及除自我独特性维度外的其他 5 个维度与大学生创业能力总均分及其 4 个维度在 0.05 水平（双侧）上均呈显著正相关，且大学生日常成功行为与大学生创业能力总均分相关系数为 0.794，说明大学生的日常成功行为与大学生创业能力呈显著正相关。

表 5–12　日常成功行为与大学生创业能力各维度的相关分析

	创业意向	人际交往能力	领导能力	创新能力	创总
梦想维度	0.554**	0.447*	0.669**	0.655**	0.673**
身心健康维度	0.445*	0.560**	0.510**	0.355*	0.545**
精益求精维度	0.664**	0.632**	0.779**	0.657**	0.794**
创造性维度	0.653**	0.599**	0.598**	0.491**	0.683**
诚信维度	0.513**	0.405*	0.497**	0.507**	0.560**
日总	0.680**	0.632**	0.756**	0.663**	0.794**

注："创总"表示"大学生创业能力总均值"。

4. 大学生日常成功行为、大学生创业能力的多元回归分析

以日常成功行为的梦想、身心健康、精益求精、自我独特性、创造性、诚信等 6 个因子以及日常成功行为总均分作为自变量，以大学生创业能力总均分作为因变量进行逐步回归分析，结果（见表 5–13）表明，回归方程的方差检验显著 $F=32.375$，$P=0.000$。这表明大学生日常成功行为的总均分及 1 个因子与大学生创业能力之间的回归模型拟合度非常好。大学生

日常成功行为量表的 7 个预测变量预测因变量，进入回归方程的显著变量共有 2 个，其多元相关系数为 0.831，联合解释变异量为 0.691，即表中 2 个变量能联合预测大学生创业能力 69.1% 的变异量。在这 2 个变量中，影响程度最大的是日常成功行为总均分。说明日常成功行为对大学生创业能力有显著的正向预测作用。

表 5–13 日常成功行为对大学生创业能力的多元回归分析

因变量	预测变量	R	R^2	调整 R^2	F	B	Beta	t
大学生创业能力	方程模型	0.831	0.691	0.669	32.375***	0.154		0.304
	日总					0.553	0.436	2.380*
	精益求精维度					0.424	0.434	2.366*

（二）访谈结果与分析

接受访谈的 4 名受访者分别来自广东省的 3 所大学毕业生，学历层次为 3 名大学本科毕业生、1 名大学专科毕业生，创业领域为：1 人开办汽车服务有限公司、1 人创办律师事务所、1 人创办文化传播有限公司、1 人建立电子商务，如表 5–14 所示。

表 5–14 受访者信息

姓名	创业项目	年级	专业	毕业院校
访谈对象 1	×× 文化传播有限公司	2012 级	旅游管理	肇庆学院
访谈对象 2	×× 电子商务	2015 级	商务管理	番禺职业技术学院
访谈对象 3	×× 律师所	2004 级	法学	韶关学院
访谈对象 4	×× 汽车服务有限公司	2008 级	人力资源管理	肇庆学院

1. 创业的定义和理解

为了对受访者在创业的定义和创业的理解上有更深入的了解，本次访谈设置了两个与创业定义和理解有关的问题，第一个是关于对创业的定义，第二个则提出了对创业经历的整体概括。

在对创业定义的提问中，4 位受访者均提到“创新意识”，分别包括革新意识、创新精神、寻找新路子；3 人提及“坚持”，对成功的渴望和执着；3 人提到“能力”，包括执行力、经济能力、洞察力；2 人提到“团队”，就是一群志同道合的人为一个愿景和目标去做一件事情；2 人提及“盈利”，分别是创造业绩、获得利润，这与创业的定义是相符合的。关于创业过程的感受与经验，4 位受访者分别提到了“压力”“坚持”“努力”“勤奋”“成长”“艰辛”“对商机的判断力和洞察力”等不同的理解与感受，但整体与上述对创业的定义相符。个人的创业能力与所处的创业环境影响了创业者在创业过程中的感受，但总体来看，每个受访者都经历着机遇与挑战，二者并存。

2. 创业契机

为了解受访者的创业想法与创业原因，访谈中提及两个问题，分别是：“您在什么时候开始有创业的想法，是什么促使您有此想法呢？”“您是什么时候开始创业的，您当初选择创业的原因是什么？”关于第一个问题，有 3 位受访者表示在大学前就有了创业的念头，1 人在就业后有了创业的想法。其中 2 人是为了经济独立，减轻家庭负担；1 人在个人遇到职业瓶颈，需要更多资源整合的时候，认为创业更能获得想要的成就；1 人为了改革，认为只有自己去不断创新、不断进步才能跟上时代变化。对于第二个问题，4 位受访者都提到是为了实现个人价值，其中 2 人认为并不是因为钱而生存在这个社会上，而是自我价值的提升，树立品牌，构建团队；1 人认为赶上了“大众创业，万众创新”的潮流，提供了创业契机。

可以看出，随着时代的发展，大学生易于接触相关的创新信息，创业想法萌发得更早；对于在工作岗位止步不前的已就职人员来说，创业则应该是一个可行的选择。当代大学生刚好赶上国家的创新创业政策培养，学校积极响应号召，让学生在学习专业课程之余有机会多观察社会行业情况，参与实践，从而培养了学生的创业素养。

3. 创业行为素质

为弄清楚受访者的创业素质，本次调查设计了三个问题进行提问，分别是："在创业期间，您最注重的是什么？""在创业过程中，您认为自己最可贵的品质是什么？""您认为大学生创业需具备哪些素质？"

在问到创业期间最注重什么时，4 位受访者都提到了个人品质，出现最多的是"个人能力"（4 次），其次是"团队配合"（3 次），其余依次是"诚信"（2 次）、"社交礼仪"（1 次）、"信心"（1 次）等。关于第二个问题，除上述的品质外，还有"对事物的求知欲"与"冲劲"。在访谈中，受访者均提到大学生应具备"良好的心理素质""行动力""诚信""创新精神"以及"自强自信"。由此可见，在生活中，不同大学生重视的日常行为各有所异，但将这些关键词融合起来，以上提及的个人品质皆包含在大学生日常行为量表中，创业者强调了这些日常行为在创业过程中的重要性，大学生的行为习惯，不仅会对个人的人际交往、学习、工作产生重要的影响，也影响着在创业道路上所需的个人能力。

4. 创业行为素质培养

关于如何培养大学生的创新创业能力，四位受访者分别提到"需要培养大学生良好的心态，麻烦处理能力、团队配合能力、求知欲、自我判断的能力""注重培养大学生的人际交往能力、创新意识""让大学生多接触社会，了解行业的发展""培养实践能力、提升个人心理素质与风险意识"等。综上所述，受访者关于创业行为素质的培养主要是针对学校方面的，高校有其各自的教育计划与培养目标，但是也不能脱离实际，要针对群体的特性寻找最佳的培养方案。行为习惯是影响一生命运的力量，除学校教育外，个人的特质情况、家庭环境以及社会文化条件等都对学生的创业素质培养有不可替代的作用。

四、结果分析

（一）大学生日常成功行为的描述统计结果分析

日常成功行为的描述统计结果显示，在量表的6个维度中，梦想维度得分最高，创造性维度得分最低。大学生之所以对自己的未来充满期待与憧憬，有让自己变得更好的渴望并为之努力奋斗，得益于家庭与学校的影响，父母对孩子抱有期待并鼓励其为之努力，大学的课程安排提供了充足的发展空间，为大学生参加课余活动与发展兴趣创造可能，在自由的环境中去畅想未来。创造性思维能力具体表现为想象力、观察力、知识应用及批判性思维等综合能力，人们只有在工作中具备这些基本特征才可能产生创新能力或进行创造性的工作。大学生自小接受的都是应试教育，缺乏独立思考能力与批判思维，创造力的发展受限。普遍来说，学生家长往往把关注点放在孩子的考试成绩上，忽视了对其想象力、创造力的培养。以上的分析结果表明，大学生不仅要对人生目标有兴趣和追求，抓住机遇与时俱进，更要培养自身的创造性思维，这对提高大学生日常成功行为素质至关重要。

（二）大学生日常成功行为在性别上的差异

研究结果显示，男女性在创造性维度上存在显著差异，男生的创造性比女生要好。这与取样的相似性有关，研究对象都是地方院校大学生。朱海雪等人认为，出现这种情况与传统观念的性别教育有关，家长与教师在对孩子的培养中会根据性别差异而寄予有差别的期望与要求。中国的传统文化，尤其是主导思想儒家思想强调，男性担负着齐家治国平天下的责任，来自家庭和社会的期望让男性对自身的要求与对风险的承担能力更强，个体的控制能力等方面都高于女生，所以男生在创新创业方面的能力要强于女大学生。而受社会性别角色定位的影响，女性在创造性方面表现得相对较弱，中国乃至全世界，著名的政治人物、企业家大多以男性为主，社会普遍认为女性不适合担任这样的角色，导致女性在未开始创新创业时就已丧失信心，在创业过程中也更易感到自卑和失落，甚至是放弃，女性的创业能力得不到好的发展，所以女生成长在这样的环境中创造性得不到培养。

（三）大学生日常成功行为与创业能力的相关分析

通过研究发现，大学生日常行为总分及其创造性、精益求精、梦想、身心健康、诚信维度均与创业能力呈显著正相关。这与齐润生的研究相似，他认为大学生面临着各种挑战，遭受着不同形式的挫折，使之怀疑自己的梦想是否具有价值。只有把当今的大学生培养成有坚定理想信念、身心素质过硬、敢于创新创造的一代，才能实现大学生的创业梦。大学阶段正是为人生制定宏伟蓝图的重要阶段，有梦想的大学生清楚自己未来的发展方向和目标，并为此坚持不懈，有较好的人生规划。现如今，创业市场正在迅猛发展，要在激烈的竞争中脱颖而出，就需要有合理的生涯规划能力增强自身的核心竞争力，具备这些素质的大学生相应地创业能力也更强。同时，大学生具有良好的身心健康水平及社会适应能力，在面对挫折情境、人际关系失调、冲突时有足够的能量去协调不良情绪，积极的情绪状态能对负面信息的影响进行有效控制，良好的情绪调节能力直接影响到创业所需的领导力与人际交往能力。敢于创新创造的大学生会用批判性思维审视问题，思维活跃且富有想象力，善于发现新事物并做出尝试，对机遇的嗅觉更敏锐。

诚信品质能为成功创业提供保障。讲诚信的大学生更看重承诺的履行，从而能够赢得他人的信任和帮助，使之在创业路上立于不败之地。个人的诚信道德越高，对创业能力的塑造作用越强。精益求精维度高分的学生对自我要求高，创业过程难免会经历困境，而善于周全细致地分析思考问题的创业者会在总结前人经验的基础上快速找到解决问题的方法，使其脱离险境，这种未雨绸缪、审慎的态度对创业能力的影响不容小觑。

（四）大学生日常成功行为与创业能力的回归分析

研究结果显示，在日常成功行为中，日常成功行为总分以及精益求精维度进入回归方程，可有效解释69.1%的变异量，对大学生创业能力具有正向预测作用。这可以解释为大学生规范和培养自身的行为素质，其获得创业果实的可能性将提高。有研究者认为，随着高等教育大众化时代的到来，各高校逐渐扩大招生，大学生的整体素质从而呈现下降的趋势。近年来有关大学生日常行为失范表现的报道层出不穷，大众认为当代大学生中多数存在日常行为问题，这对大学生创业能力的养成极其不利。在教育的普及化过程中没有兼顾教育质量，导致行为失范现象泛滥，而大学生是具有较大发展潜力的创业群体，良好的创业素质利于调动其积极性。这告诉我们，要让大学生具有较好的创业能力，使其具备良好的创业素质，就要设法对大学生的日常行为进行干预，让学生跟随时代发展的需要，顺应潮流，培养学生的良好行为习惯。如果大学生做事精益求精，对事对己严格要求，并在日常中就表现出较强的总结能力和反思能力，其创业能力也会更强。

五、结论与建议

对本研究结果进行归纳概括，可得出如下结论。

第一，日常成功行为的创造性维度存在显著的性别差异。

第二，日常成功行为总分与梦想、创造性、身心健康、诚信、精益求精维度与创业能力量表的四个维度均显著相关。

第三，日常成功行为总分及其精益求精维度可显著预测大学生的创业能力。

第四，受访者的行为因素对其创业成功具有积极影响作用。

大学生行为规范是指大学生在就学期间调整其行为的规范和标准，虽然个人行为习惯在很大程度上形成于幼儿期及青少年时期，但对于处于认知能力发展阶段的大学生来说，其个人行为习惯中的问题仍有完善与改变的可能性。日常成功行为与创业能力表里相依，必须予以重视。

大学生是良好行为习惯养成依赖的形塑主体，大学生的积极主动性和潜能的发挥作为决定因素，是实现其良好行为习惯养成所必须具备的。大学生应通过自我观察、他人评价、社会需要从而形成对自身行为的清晰认知，在充分了解自己的基础上培养优良行为习惯，对不良行为习惯进行修正；学会拒绝不良诱惑，提高意志品质，面对不良行为时应坚定自己的立场，不同流合污，促成日常成功行为的养成；寻找与自己有相同改变愿望的小伙伴、团体间的互相监督、互相激励，这些对其行为的培养与修正都有积极的促进作用。

附录1　大学生日常成功行为量表

这份问卷主要是要了解您的日常成功行为情况，您可以根据自己的实际情况，选择相应的答案，其中，①为“很不符合”，②为“较不符合”，③为“不确定”，④为“较符合”，⑤为“很符合”。如果某个问题您不能肯定如何回答，就选择最接近您自己真实感觉的那个答案。您的真诚合作将是对我们研究工作的极大支持和帮助。

1. 我会为了目标不畏艰难，勇往直前	①—②—③—④—⑤
2. 我不会因为疾病的困扰而放弃对成功的追求	①—②—③—④—⑤
3. 我认为世上无难事，只怕有心人	①—②—③—④—⑤
4. 我有想让自己变得更好的意愿，对成功有强烈的渴望	①—②—③—④—⑤
5. 我为我的未来描绘了一幅美好蓝图	①—②—③—④—⑤
6. 我会为自己努力奋斗，并寻找机会获得成功	①—②—③—④—⑤
7. 我决定的事情，就一定会坚持下去	①—②—③—④—⑤
8. 我做任何事情都会尽力去做	①—②—③—④—⑤
9. 当看到别人比自己强时，我会努力去赶超他	①—②—③—④—⑤
10. 我能够较好地调节自己的情绪	①—②—③—④—⑤
11. 生气时，我会克制自己的情绪	①—②—③—④—⑤
12. 我总是精力充沛	①—②—③—④—⑤
13. 我是一个乐观的人，善于将困难变成动力	①—②—③—④—⑤
14. 在生活中，我很少有挫折或心灰意冷的时候	①—②—③—④—⑤

15. 我会把做过的事情重新检查一遍，做得不好的重新做	①——②——③——④——⑤
16. 我做事力求精确，能精确到什么地步就尽量精确到什么地步	①——②——③——④——⑤
17. 我虽然完成了某事情，但总会去看看能否做得更好	①——②——③——④——⑤
18. 我认为一个人看问题难免有偏差，因此我会积极征求别人的意见，并对别人的意见进行分析	①——②——③——④——⑤
19. 我喜欢独立做事，能一个人做的尽量自己完成	①——②——③——④——⑤
20. 在工作中，我喜欢独立筹划，不喜欢他人指指点点	①——②——③——④——⑤
21. 我的行为和想法跟别人一样时，会让我感觉安心	①——②——③——④——⑤
22. 当我独自完成了任务，我会感到很有成就感	①——②——③——④——⑤
23. 我敢于提出自己与他人不同的想法，并尽力去实现	①——②——③——④——⑤
24. 我经常做变废为宝的事	①——②——③——④——⑤
25. 我有自己设计的作品，比如班服、班徽等	①——②——③——④——⑤
26. 我能从新的角度去分析一件事	①——②——③——④——⑤
27. 我总是大开脑洞，大胆假设生活中的事件，并且去实施	①——②——③——④——⑤
28. 想出好的创意，对我来说不是件难事	①——②——③——④——⑤
29. 我会准时赴约，不会迟到	①——②——③——④——⑤
30. 即使是日常的小事，我也不对别人说谎	①——②——③——④——⑤
31. 当我临时有事不能赴约时，我会如实告诉不能赴约的理由，不会随便找理由搪塞	①——②——③——④——⑤
32. 我承诺第二天要做的事一定会完成	①——②——③——④——⑤
33. 我欠的钱一定在承诺好的时间归还	①——②——③——④——⑤
34. 我不对任何一个人撒谎	①——②——③——④——⑤
35. 答应别人的事情我会做到，即使是取快递、打饭等小事情	①——②——③——④——⑤
36. 面试时，我对自己的情况会实话实说	①——②——③——④——⑤

注：梦想维度为1、2、3、4、5、6、7、8、9；诚信维度为29、30、31、32、33、34、35、36；创造性维度为23、24、25、26、27、28；身心健康维度为10、11、12、13、14；精益求精维度为15、16、17、18；自我独特性维度为19、20、21、22。

附录 2　自编大学生逆商（六因素）量表

A 部分

这份问卷主要是了解您的逆商情况，您可以根据自己的实际情况，选择相应的答案，其中，①为“很不符合”，②为“较不符合”，③为“不确定”，④为“较符合”，⑤为“很符合”。如果某个问题您不能肯定如何回答，就选择最接近您自己真实感觉的那个答案。您的真诚合作将是对我们研究工作的极大支持和帮助。

1. 遭受挫折时，能去分析挫折的原因	①—②—③—④—⑤
2. 我知道自己将来要做什么，并向这方面去努力	①—②—③—④—⑤
3. 为了实现自己的目标，不管多么困难、艰苦，我都愿意面对并想办法去克服	①—②—③—④—⑤
4. 遇到困难时，我总是相信方法比困难多，因此积极去寻找克服困难的方法	①—②—③—④—⑤
5. 我觉得自己的命不好，条件比别人差，遇到比别人多、比别人大的困难或障碍	①—②—③—④—⑤
6. 失败时，我能冷静分析，积极去寻求补救措施	①—②—③—④—⑤
7. 我觉得自己很失败，都这么大了，还什么事情也做不好	①—②—③—④—⑤
8. 我的心情常受到他人、环境等的影响	①—②—③—④—⑤
9. 遇到困难时，我总是给自己加油，再加油	①—②—③—④—⑤

10. 当做事情不成功时，我会觉得自己做得不够好，要求自己再努力些、再提高或进步些	①—②—③—④—⑤
11. 尽管遭遇了很多失败，现在做事情还不够好，但我一直相信通过努力一定会成功	①—②—③—④—⑤
12. 每次遭遇失败，我都心情不佳，觉得自己没本事	①—②—③—④—⑤
13. 我觉得生活中的困难或挫折是对自己的磨炼	①—②—③—④—⑤
14. 我认为，危机孕育着生机，因此每次遇到困境时，总能从中发现机会或希望	①—②—③—④—⑤

注：目标维度为 1、2、3；情感维度为 5、7、8、12；行为维度为 4、6、9、10、11、13、14。其中 5、7、8、12 需要在统计时反向计分。总分得分越高，逆商也就越高。

B 部分

下面列举了 20 个事件，请按要求完成每一个事件提出的问题。请生动地想象每一个事件正在发生，即使这看起来是不可能的。问卷采取 5 级记分法，针对每个事件后面的问题，请按照您的第一反应在对应的数字上打勾：1（十分不同意）、2（不同意）、3（未定）、4（同意）、5（十分同意）。

1. 在商场买东西发现被欺骗，买到假货时： 都是骗子太狡猾了 1 2 3 4 5 我应该提高自身防范意识 受了骗心里就是过不去 1 2 3 4 5 没事，吃一堑长一智
2. 当家人不支持我所做的一个重大决定时： 目标动摇，改变目标 1 2 3 4 5 相信自己，坚定信心 都是因为客观条件不具备 1 2 3 4 5 积极从自身寻找原因
3. 我在重大事情中失利时： 都是因为别的原因 1 2 3 4 5 我对此有不可推卸的责任 愿望破灭，没有前途的感觉 1 2 3 4 5 坚信自己以后也一样可以很出色

4. 与他人约会时迟到了： 无所谓 1 2 3 4 5 下次一定要提前出门 推卸责任，不关我事 1 2 3 4 5 积极承认错误并道歉
5. 不能及时地完成领导交给我的任务时： 都没有什么责任 1 2 3 4 5 我对此负有不可推卸的责任 情绪低落，失去动力 1 2 3 4 5 我想更好地完成任务的愿望反而更高
6. 恋爱不顺利或失恋时： 丧失信心，觉得自己太失败了 1 2 3 4 5 沉淀自己，争取更好 掩盖错误，推卸责任 1 2 3 4 5 接受事实，积极寻找自己的不足或缺点
7. 我的学习一落千丈时： 我对此负有不可推卸的责任 5 4 3 2 1 都是因为别的原因 我会更加努力学习，斗志更高 5 4 3 2 1 情绪低迷，没有动力
8. 自己作为队长的团队在比赛时落选： 都是因为我没有指导到位 5 4 3 2 1 都是因为大家都不努力 总结经验，为下次比赛充分准备 5 4 3 2 1 情绪低落，觉得没有意义
9. 与亲密的朋友发生矛盾时： 我对此负有不可推卸的责任 5 4 3 2 1 一切都是因为他太固执了 坚定信心，重拾友谊 5 4 3 2 1 没有和好的希望，就此结束友谊
10. 我考试没考好时： 只要我继续努力就一定可以通过 5 4 3 2 1 丧失信心，不能坚持下去 将投入更多时间和精力去学习 5 4 3 2 1 困难太大，不想坚持考了
11. 去应聘时不能通过面试： 是自身能力未够，还需提升 5 4 3 2 1 都是因为公司要求太高 我会积累经验争取下次面试表现更好 5 4 3 2 1 愿望破灭，没有前途的感觉
12. 我设计的方案不能被领导或负责人认可时： 我越挫越勇，信心更大 5 4 3 2 1 丧失信心，不能坚持下去 是自己考虑不周并积极寻找自身原因 5 4 3 2 1 是自己不够经验或客观条件不具备
13. 当众演讲或唱歌时只有稀稀落落的掌声： a. 我的演讲或唱得不够精彩 5 4 3 2 1 都是观众要求太高 b. 情绪更加高涨，斗志更高 5 4 3 2 1 情绪低落，觉得什么都完了

14. 我做事情没做好时： 坚定目标，相信自己一定可以 5 4 3 2 1 目标动摇，改变目标
15. 发现自己的专业偏冷门，没有好的就业前景时： 会更加刻苦学习 5 4 3 2 1 放弃学习，天天不知所向
16. 付出很多的努力总是得不到他人的认可时： 我总是能够勇于面对他人的评价 5 4 3 2 1 没有勇气面对，退缩

注：认知维度为 1、2、3、4、5、6；责任维度为 7、8、9、10、11、13a、14、15；意志维度为 12、13b、16。其中，1 ~ 6 正向计分，7 ~ 16 则反向计分。总分得分越高，说明逆商也就越高。

附录3　大学生创业能力量表

本调查旨在研究大学生创业能力情况，只作为学术研究使用。您的积极参与将对本研究提供客观的数据。本问卷采用匿名形式，我们会对您的信息保密。谢谢您的参与和支持。

第一部分

请根据您的真实情况做出最恰当的回答，并在右边合适的数字上画“√”，数字越大表示越符合。其中，①代表“很不符合”；②代表“较不符合”；③代表“不确定”；④代表“较符合”；⑤代表“很符合”。

1. 我会尽自己最大的努力去完成创业目标	①—②—③—④—⑤
2. 即使创业的过程中遇到了很大的困难，我也会坚持到最后	①—②—③—④—⑤
3. 只要尽最大的努力，我相信自己能解决创业过程中将遇到的大多数难题	①—②—③—④—⑤
4. 为了创业，我会选择放弃其他优越的工作	①—②—③—④—⑤
5. 我能独立承担创业的风险	①—②—③—④—⑤
6. 我有一个比较长远的创业计划	①—②—③—④—⑤

第二部分

请根据您的真实情况做出最恰当的回答，并在右边合适的数字上画“√”，数字越大表示越符合。其中，①代表“很不符合”；②代表“较不符合”；③代表“不确定”；④代表“较符合”；⑤代表“很符合”。

1. 我可以毫不困难地向陌生人介绍自己	①—②—③—④—⑤
2. 我可以和任何人谈论几乎任何事情	①—②—③—④—⑤
3. 我善于讨好他人，并利用这种能力给我带来一定的利益	①—②—③—④—⑤
4. 在他人说话时，我不会随意中途打断	①—②—③—④—⑤
5. 我会时常关心身边的人	①—②—③—④—⑤
6. 我能批评别人而又不使他们生气或沮丧	①—②—③—④—⑤
7. 我一般能很容易地解决和别人之间的矛盾	①—②—③—④—⑤

第三部分

请根据您的真实情况做出最恰当的回答，并在右边合适的数字上画“√”，数字越大表示越符合。其中，①代表“很不符合”；②代表“较不符合”；③代表“不确定”；④代表“较符合”；⑤代表“很符合”。

1. 我会经常关注团队成员的情绪	①—②—③—④—⑤
2. 我会将所制定的发展目标贯彻到各个部门和各个员工身上	①—②—③—④—⑤
3. 我会实行有效的激励机制，使员工完成公司所制定的各项战略规划	①—②—③—④—⑤
4. 我会不断完善公司的各项规章制度以提高公司的管理水平	①—②—③—④—⑤

5. 我了解公司的资金周转情况	①——②——③——④——⑤
6. 我能够有效管理公司的所有运转资金	①——②——③——④——⑤
7. 我能够及时有效地获得所需的资源	①——②——③——④——⑤
8. 我了解公司的各种资源分配情况	①——②——③——④——⑤

第四部分

请根据您的真实情况做出最恰当的回答，并在右边合适的数字上画“√”，数字越大表示越符合。其中，①代表“很不符合”；②代表“较不符合”；③代表“不确定”；④代表“较符合”；⑤代表“很符合”。

1. 我会对员工进行定期的创新能力培训	①——②——③——④——⑤
2. 我能够建立筛选并评价“点子”的完善系统	①——②——③——④——⑤
3. 我能够建立了一个交流系统以及时传达对创造力和革新的态度	①——②——③——④——⑤
4. 对于那些通过创造性工作改善公司业绩的员工，我经常会给予适当的物质奖励或提高他们的工作地位	①——②——③——④——⑤
5. 对于竞争对手带来的威胁，我时常能够敏捷地做出反应	①——②——③——④——⑤
6. 当创新不成功时，我会仔细分析失败原因，从而吸取教训	①——②——③——④——⑤
7. 我能够及时有效地获得所需的资源	①——②——③——④——⑤
8. 我了解公司的各种资源分配情况	①——②——③——④——⑤

参考文献

［1］阿德勒．自卑与超越［M］．汕头：汕头大学出版社，2016.

［2］艾森克，基恩．认知心理学［M］．上海：华东师范大学出版社，2004.

［3］戴本博．外国教育史（中）［M］．北京：人民教育出版社，1990.

［4］笛卡尔．方法论［M］．沈阳：辽宁人民出版社，2015.

［5］黄栢权．六祖坛经注译［M］．广州：广东高等教育出版社，1996.

［6］霍妮．我们时代的神经症人格［M］．冯川，译．贵阳：贵州人民出版社，1988.

［7］李炳全．积极心理学：打开幸福与成功之门的金钥匙［M］．北京：科学出版社，2017.

［8］李炳全．文化心理学［M］．上海：上海教育出版社，2007.

［9］李炳全．西方心理学史［M］．武汉：武汉大学出版社，2017.

［10］李炳全．中国人的心理和行为解谜——中国文化心理学研究与构建［M］．广州：广东教育出版社，2016.

［11］李炳全，杨威．大学生逆商培养理论与实践研究［M］．北京：中国书籍出版社，2019.

［12］李炳全，杨威．大学生的精神困顿性无聊感的理论与实践：基于文化心理学视界［M］．北京：九州出版社，2020.

[13] 李炳全，张丽玲 . 人际关系心理学 [M]. 北京：科学出版社，2016.

[14] 费尔德曼 . 发展心理学——人的毕生发展 [M]. 6 版 . 苏彦捷，邹丹，等译. 北京：世界图书出版公司北京公司，2013.

[15] 培根 . 论天性：培根论说文集 [C]. 北京：商务印书馆，1983.

[16] 米勒 . 这是我的错 [M]. 李征途，译 . 长春：吉林文史出版社，2004.

[17] 吴继霞 . 诚信品格的养成 [M]. 合肥：安徽教育出版社，2009.

[18] 叶浩生 . 西方心理学的历史与体系 [M]. 北京：人民教育出版社，1998.

[19] 英格尔斯 . 人的现代化 [M]. 成都：四川人民出版社，1985.

[20] 曾仕强 . 易经的奥秘 [M]. 西安：陕西师范大学出版社，2009.

[21] 周汉超 . 成功是一种习惯 [M]. 北京：中国发展出版社，2003.

[22] 成尚荣 . 核心素养的核心 [N]. 中国教育报，2017-01-11.

[23] 曹扬 . 转变经济发展方式背景下高校创新创业教育问题研究 [D]. 长春：东北师范大学，2014.

[24] 陈秀云 . 大学生个人生命意义量表编制及初步应用 [D]. 金华：浙江师范大学，2007.

[25] 谷力群 . 论大学生创业精神的培养 [D]. 沈阳：辽宁大学，2013.

[26] 黄艳 . 大学诚信及其建设研究 [D]. 长沙：湖南大学，2011.

[27] 李珣 . 以大学生行为习惯培养为范例的养成教育研究 [D]. 上海：华东师范大学，2010.

[28] 刘润晴 . 积极心理学视阈下大学生行为习惯的养成研究 [D]. 西安：西安工业大学，2017.

[29] 彭维 . 生命意义感对大学生无聊倾向性的影响 [D]. 南京：南京师范大学，2012.

［30］司志超．信息超载与身心健康的关系：应对方式的调节作用［D］．长春：东北师范大学，2016.
［31］吴高娃．当代大学生精神动力缺失及其对策研究［D］．呼和浩特：内蒙古师范大学，2010.
［32］汪玉敏．家庭环境对大学生创业能力的影响研究［D］．南昌：江西师范大学，2014.
［33］于阳．习武对大学生行为规范影响的研究［D］．长春：吉林大学，2015.
［34］赵曼宇．当代大学生行为习惯养成教育研究［D］．重庆：重庆理工大学，2016.
［35］赵晴．四川省医科大学生生命意义感与心理健康的现状研究［D］．成都：四川师范大学，2008.
［36］钟晓虹．成功观与大学生成长成才研究［D］．福州：福建师范大学，2012.
［37］常珊珊，李家清．课程改革深化背景下的核心素养体系构建［J］．课程·教材·教法，2015（9）:29-35.
［38］曹先东，刘炜．创新型人才培养模式下大学生创造性思维能力培养研究——以地理科学导论课为例［J］．遵义师范学院学报，2019（1）:129-132.
［39］陈鸿雁，魏亮．大学生成功观问题研究［J］．学理论，2011（5）:159-160.
［40］陈真．日常行为理论研究［J］．学理论，2011（2）：92-94.
［41］崔允漷．追问“核心素养”［J］. 全球教育展望，2016，45（5）:3-20.
［42］邓玉婷，马塘生，李颖雯，等．匠心视域下的名匠特质探析［J］．教

育教学论坛，2020，（14）：93–98.

［43］杜刚，李亚光．“大众创业万众创新”背景下高校创业人才培养模式研究［J］．时代金融，2015（14）：174–175.

［44］房立艳，张大均，等．中学生心理素质的类别特征：基于个体中心的潜在类别分析［J］．心理与行为研究，2017，15（1）：20–25.

［45］付子堂，类延村．诚信的古源与现代维度之辨［J］．河北法学，2013，31（5）：2–9.

［46］弗洛姆．超越幻想的锁链［J］．哲学译从，1984（5）：74.

［47］郭利．人是“机器”、人是“动物”——行为主义人格理论论述［J］．社会心理科学，2013，28（5）：11–14.

［48］何爱晶．心智哲学视域下的网络语体研究——以“淘宝体”为例［J］．当代外语研究，2012（8）：13–16.

［49］黄自伟．创业经验访谈视角下外语专业创新创业人才培养［J］．科技经济导刊，2018，26（27）：144–145.

［50］贾少华．创业大学生成长模式探寻——探寻大学生成功创业的客观规律［J］．高等工程教育研究，2009（2）：121–124.

［51］李炳全．当代我国心理问题的社会心理根源剖析与对策［J］．内蒙古师范大学报（哲学社会科学版），2002，31（3）：63–68.

［52］李炳全．文化心理学的教学思想剖析——一种文化主义的教学思想［J］，教育导刊，2012（2）：13–16.

［53］李炳全．论理论心理学的方法［J］．江苏师范大学学报（哲学社会科学版），2013，39（6）：136–140.

［54］李炳全．文化心理学的心理发展观探析［J］．苏州大学学报（教育科学版），2014（2）：19–27.

［55］李炳全．太极拳中的养心心理学思想探析［J］．肇庆学院学报，

2016，37（1）：90–94.

［56］李炳全，陈灿锐．逆境商量表在中国 606 名学生中的信效度检验［J］．中国心理卫生杂志，2008（8）：605–607.

［57］李炳全，胡海建．文化心理学论有效教学条件［J］．肇庆学院学报，2011（4）：65–68.

［58］李炳全，叶浩生．主流心理学的困境与文化心理学的兴起［J］．国外社会科学，2005（1）：4–12.

［59］李炳全，张旭东．西方哲学心智转向对心理学的影响［J］．心理与行为研究，2015，13（1）：138–143.

［60］李炳全，张旭东．惠能的“心”之本体论思想及其心理学理论价值［J］．南京师大学报（社会科学版），2019（3）：70–79.

［61］李炳全，张旭东，叶枝青．“心”的本体性、根本性与前在性［J］．苏州大学学报（教育科学版），2018，6（2）：95–102.

［62］李怀虎，陈本友，杨红升，等．关于自我独特性问题的研究［J］．西南大学学报（社会科学版），2008（3）：19–24.

［63］李智红．给你开启成功之门的钥匙——拿破仑·希尔的《思考的力量》［J］．中外企业文化，2002（11）：48.

［64］栗伟．禅宗思想与现代人的心理健康［J］．理论观察，2010，（6）：49–50.

［65］梁康建．当代大学生诚信创业教育的途径研究［J］．长春大学学报，2018，28（4）：63–66.

［66］林崇德．构建中国化的学生发展核心素养［J］．北京师范大学学报（社会科学版），2017（1）：66–73.

［67］刘畅．大学生创业能力培养机制的实证研究［J］．新疆师范大学学报（哲学社会科学版），2017，38（3）：147–160.

［68］刘传广．哲学的智慧［J］，民主与科学，2007（3）：38-39.

［69］刘澍．“90 后”大学生日常行为的时空特征分析——基于行为地理学研究方法［J］．教育研究，2015，36（11）：49-55.

［70］刘妍，马晓英，刘坚，等．文化理解与传承素养：21 世纪核心素养 5C 模型之一［J］．华东师范大学学报（教育科学版），2020（2）：29-44.

［71］洪柳．基于核心期刊和 CSSCI 数据库文献计量的创新创业教育研究综述［J］．民族教育研究，2018（4）：129-134.

［72］娄季春．将大学生日常行为纳入德育评价探究［J］．学校党建与思想教育，2007（01）：54-55.

［73］马会军，胡维芳．就业压力与大学生社会适应能力的调查研究［J］．青海民族大学学报（教育科学版），2011，31（5）：117-122.

［74］毛勒堂．创新呼唤独立人格［J］．云南师范大学学报（哲学社会科学版），2000（5）：19-21.

［75］齐润生．大学生的梦想教育［J］．山西高等学校社会科学学报，2013，25（12）：72-74.

［76］单正义．关于加强大学生日常行为管理的思考［J］．青少年研究（山东省团校学报），2006（3）：10-11.

［77］沈汪兵，刘昌，施春华，等．创造性思维的性别差异［J］．心理科学进展，2015，23（8）：1380-1389.

［78］宋剑祥，何亚芸．国外人格理论研究的主要流派述评［J］．昆明冶金高等专科学校学报，2013，29（4）：49-56+88.

［79］王国军，袁婷．大学生日常行为管理系统设计与实现［J］．电子测试，2015（1）：4-6.

［80］王君毅．论当代大学生的成功教育［J］．中南林业科技大学学报（社

会科学版），2011，5（4）：134–136.

［81］王平，韩菡，尹昌美，等．大学生职业生涯规划与创新创业能力提升探析［J］．山东青年政治学院学报，2016，32（1）：56–60.

［82］王晓波．长征精神对大学生理想信念教育的时代价值研究［J］．遵义师范学院学报，2019（1）：5–9.

［83］王彦朴，赵亮，李锐，等．大学生生命意义量表的编制［J］．心理学探新，2011，31（5）：463–466.

［84］王艳琼，邓颖颖，曾丽萍．各级各类学生日常行为管理策略研究综述［J］．才智，2018（17）：34–35+37.

［85］无名．哲学的用处［J］．文艺理论研究，2000（1）：67.

［86］解登峰，谢章明．潜在类别分析在大学生网络情绪调节分类中的应用［J］．中国心理卫生杂志，2017，31（3）：252–256.

［87］辛涛，姜宇，林崇德，等．论学生发展核心素养的内涵特征及框架定位［J］．中国教育学刊，2016（6）：3–7.

［88］邢国忠．把大学生养成教育作为高校育人的重要途径［J］．思想政治教育研究，2008（3）：29–33.

［89］杨帅，黄希庭．社会关系的认知机制：自我与他人表征的视角［J］．心理研究，2017，10（1）：3–9.

［90］于爽．“大众创业万众创新”背景下对大学人才培养的思考［J］．亚太教育，2015（33）：263.

［91］张承东，刘卫芳，等．大学生日常生活守则和行为规范之养成教育的研究［J］．沧州师范专科学校学报，2008（1）：55–57.

［92］张岱年．中国传统文化的分析［J］．理论月刊，1986（7）：34–39.

［93］张岱年．《周易》与传统文化［J］．周易研究，1991（1）：5–7.

［94］张岱年．中国传统文化之我见［J］．人民论坛，1998（6）：50.

[95] 张华 . 论核心素养的内涵 [J]. 全球教育展望，2016，45（4）：10–24.

[96] 张洪家，汪玲，张敏 . 创造性认知风格、创造性人格与创造性思维的关系 [J] . 心理与行为研究，2018，16（1）：51–57.

[97] 张洁婷，焦璨，张敏强 . 潜在类别分析技术在心理学研究中的应用 [J] . 心理科学进展，2010，18（12）：1991–1998.

[98] 张娜 .DeSeCo 项目关于核心素养的研究及启示 [J]. 教育科学研究，2013（10）：39–45.

[99] 张娜 . 三大国际组织核心素养指标框架分析与启示 [J]. 教育测量与评价，2017（7）: 42–49.

[100] 张娜 . 学生发展核心素养：国际组织研究比较与启示 [J]. 内蒙古师范大学学报（教育科学版），2017，30（6）：1–6.

[101] 张莹，商卓睿，李炳全，等 . 大学生日常成功行为量表的编制 [J] . 中国健康心理学杂志，2019，27（8）：1247–1252.

[102] 赵林 . 哲学的用处与哲学的灵魂 [J] . 中国大学教学，2007（11）：4–7.

[103] 赵小燕 . 高等教育学科育人视域下“核心素养”的含义与框架研究 [J] . 林区教学，2020（9）：26–29.

[104] 赵延昇，周静静 .90 后大学生人格特质与创业意向关系研究——以自我认同感为调节变量 [J] . 华南理工大学学报（社会科学版），2014，16（1）：116–124.

[105] 郑安文 . 当代大学生成功观问题探析 [J] . 学理论，2013（9）：184–186.

[106] 朱风书，吴雪萍，周成林 . 不同身体活动水平大学生不良行为习惯抑制能力的行为和脑电特征 [J] . 沈阳体育学院学报，2016，35

（2）：76-81+111.

［107］朱海雪，宋德如．大学生认知风格与创造性倾向的关系研究［J］．赤峰学院学报（自然科学版），2016，32（24）：69-70.

［108］周丽芳．华生、斯金纳的人格论比较［J］．淮北煤炭师范学院学报（哲学社会科学版），2003（4）：143-145.

［109］OECD.The definition and selection of key competencies：Executive Summary［R］. France：Paris，2005：4.

［110］Gartner W B. What are we talking about when we talk about entrepreneurship?［J］.Social Science Electronic Publishing，1990，5（1）：15-28.

［111］Lin T H，Dayton C M. Model selection information criteria for non-nested latent class models［J］.Journal of Educational and Behavioral Statistics，1997，22（3）：249-264.

［112］Mackay N.Psychotherapy and the idea of meaning［J］.Theory & Psychology，2003，13（3）：359-386.

［113］Siderits M.Dan Arnold：Brains，Buddhas，and believing：the problem of intentionality in classical Buddhist and cognitive-scientific philosophy of mind［J］.International Journal for Philosophy of Religion，2013（74）：237-241.